NIVEL 2

motivation READING

TEKS–Based Alignment to STAAR®

edición de estudiante

Critical Thinking for Life!
Mentoring Minds

Publisher
Michael L. Lujan, M.Ed.

Editorial Director
Teresa Sherman, B.S.E.

Production Coordinator
Kim Barnes, B.B.A.

Digital Production Artists
Tammy McDaniel
Ashley Francis, A.A.

Illustrators
Gabe Urbina, A.A.S.
Sarah DuPree, B.F.A.

Content Development Team
Beverly Collins, M.Ed.
Jana Kuehn, B.S.E.
Connie Moore, M.Ed.
Marion Branum, M.Ed.
Brooke North, B.A.

Content Editorial Team
Allison Wiley, B.S.E.
Beverly Collins, M.Ed.
Jana Kuehn, B.S.E.
Connie Moore, M.Ed.
Cathy Cutler, B.S.E.
Jackie Cannon, M.Ed.
Jennifer Mallios, B.A.
Karen Reeves, M.Ed.

Critical Thinking for Life!™
Mentoring Minds

PO Box 8843 · Tyler, TX 75711

[p] 800.585.5258 · [f] 800.838.8186

For other great products from Mentoring Minds,
please visit our website at:
mentoring**minds**.com

ISBN: 978-1-938935-82-4

Querido estudiante:

Somos Mike y Molly y queremos motivarte y decirte que ¡eres importante! Queremos que este año te diviertas aprendiendo sobre la lectura. Poniendo atención a tu maestro y haciendo tu mejor esfuerzo cada día, aprenderás muchas cosas nuevas y divertidas que te ayudarán a tener éxito en la escuela y en la vida. Estos son algunos consejos para ayudarte a ser el mejor estudiante que puedes ser.

¡Tú puedes hacerlo!

Tus amigos,
Mike y Molly

- Obedece a tus papás.
- Sigue las reglas de la escuela.
- Pon atención a tu maestro.
- Si no entiendes algo, pregúntale a tu maestro.
- Aplica a tu vida diaria lo que aprendas.
- Busca amigos a los que les guste estudiar y estudien juntos.
- Duerme lo suficiente cada noche.
- Come adecuadamente, bebe mucha agua y haz ejercicio.
- Sé positivo.
- Nunca te rindas.

motivationreading™
Tabla de contenido

Lee la lectura y escoge la mejor respuesta para cada pregunta.

Un presidente y un oso

1   Nikki estaba emocionada por la actividad que se haría en su salón de clases el Día de los Presidentes. La señorita Hill le había pedido a cada estudiante que trajera un objeto. El objeto debía tener relación con un presidente. Los estudiantes trajeron monedas, gorros y libros.

2   El verano pasado su familia había visitado el hogar del presidente Theodore Roosevelt cuando era niño. Ella había aprendido muchas cosas sobre él. Nikki sabía exactamente lo que podía traer al salón.

3   Nikki se paró frente a su clase. Lentamente sacó un oso de peluche de una bolsa. "¿Sabían que este oso se llama *teddy bear* en honor al presidente Theodore Roosevelt?", preguntó Nikki. Luego agregó: "Su nombre real es Theodore, pero la gente le llamaba Teddy. Aquí les traigo un poema que habla de su vida".

El presidente Teddy
por Jana Kuehn

Antes de ser presidente,

Cuando era un muchachito,

Teddy Roosevelt era enfermizo,

Un pequeño y débil chico.

5 Con dolores de cabeza

Y sin ganas de hacer nada,

Teddy se pasaba el día

Leyendo libros en cama.

Se enfermaba de los ojos,

10 Y padecía de asma,

Pero hacía ejercicio,

Y se sentía más en calma.

Practicó lucha y gimnasia,

Montó a caballo y nadó.

15 Hacía pesas cada día,

Y por fin Teddy creció.

Como papá y presidente,

Él era como un niño grande.

Jugaba con sus seis hijos,

20 Ellos tenían mucho aguante.

Lanzaban globos desde el techo,

Se resbalaban por las escaleras.

Cuando vivían en la Casa Blanca,

Ellos jugaban por dondequiera.

25   Él fue el primer presidente
Que viajó en un aeroplano.
También bailó una danza india,
Los nativos le dieron un regalo.

Un día salvó a un oso enfermo
30   Cuando cazaba en el campo.
Un hombre escuchó la historia,
Y llamó "Teddy" a su oso de trapo.

Teddy decía que el café
"Es bueno hasta la última gota".
35   Un fabricante escuchó la frase
Y la usó, le pareció grandiosa.

A Teddy le encantaban los niños,
Y en el campo estaba muy contento
Tan lleno de vida fue Roosevelt,
40   Que lo incluyeron en un monumento.

Un día dejó la Casa Blanca,
Donde muy feliz vivió,
Ningún otro presidente,
De ella tanto disfrutó.

4   Los compañeros de Nikki se entretuvieron pasándose el oso de peluche uno al otro. La señorita Hill le agradeció a Nikki por enseñarle a la clase sobre el presidente Theodore Roosevelt.

Unidad 1 Evaluación

1 Lee el verso 10 del poema.

> *Y padecía de asma,*

¿Qué significa la palabra
padecía en este verso?

Ⓐ Sufría

Ⓑ Decía

Ⓒ Sabía

Ⓓ Leía

2 En la historia, ¿por qué algunos
estudiantes llevan monedas a la
actividad del salón?

Ⓕ Los presidentes ganan dinero.

Ⓖ Los presidentes hacen las
monedas.

Ⓗ Las monedas tienen las caras
de algunos presidentes.

Ⓙ Las primeras monedas están
escondidas en la Casa Blanca.

3 ¿Qué lección pueden aprender
los compañeros de Nikki del
poema "El presidente Teddy"?

Ⓐ Cuida a los animales.

Ⓑ La honestidad es lo más
importante.

Ⓒ Con ejercicio estarás
saludable.

Ⓓ Sé feliz sin importar lo que te
pase en la vida.

4 Lee los versos 13 al 16 en el
poema.

> *Practicó lucha y gimnasia,*
> *Montó a caballo y nadó.*
> *Hacía pesas cada día,*
> *Y por fin Teddy creció.*

¿Qué palabras riman en estos
versos del poema?

Ⓕ *día, nadó*

Ⓖ *nadó, creció*

Ⓗ *día, fin*

Ⓙ *caballo, cada*

5 El ritmo del poema tiene relación con —

Ⓐ qué palabras del poema terminan igual

Ⓑ cómo se lee el poema en voz alta

Ⓒ cómo está ilustrado el poema

Ⓓ qué palabras del poema se repiten

6 Lee los versos 29 al 32 en el poema.

> *Un día salvó a un oso enfermo*
> *Cuando cazaba en el campo.*
> *Un hombre escuchó la historia,*
> *Y llamó "Teddy" a su oso de trapo.*

¿Qué palabras riman en estos versos del poema?

Ⓕ *enfermo, escuchó*

Ⓖ *enfermo, campo*

Ⓗ *llamo, oso*

Ⓙ *campo, trapo*

7 ¿Qué hace que Nikki seleccione un oso de peluche para la actividad de la clase?

Ⓐ Es el juguete favorito de Nikki.

Ⓑ El libro de la biblioteca que tiene Nikki trata de los osos de peluche.

Ⓒ Nikki aprendió acerca del presidente Roosevelt en sus vacaciones de verano.

Ⓓ La amiga de Nikki le trajo un oso del hogar donde Theodore Roosevelt pasó su niñez.

8 ¿Qué le dice la fotografía al lector acerca de Nikki?

Ⓕ Nikki está orgullosa de mostrar su oso.

Ⓖ Nikki tiene miedo de mostrar el oso a la clase.

Ⓗ Nikki no quiere que los demás vean su oso.

Ⓙ Nikki se siente apenada al mostrar su oso.

9 ¿Cuándo comenzó Teddy a amar la lectura?

Ⓐ Cuando era presidente

Ⓑ Cuando hacía ejercicio

Ⓒ Cuando salió de la Casa Blanca

Ⓓ Cuando estaba enfermo

10 ¿Qué aprenden los estudiantes en el poema "El presidente Teddy"?

Ⓕ Datos acerca de la familia de Nikki

Ⓖ Datos acerca de Theodore Roosevelt

Ⓗ Datos acerca del Día de los Presidentes

Ⓙ Datos acerca de la actividad del salón

Un presidente y un oso

Enumera 3 cosas que Teddy Roosevelt hizo para ser más grande y fuerte.

1. _____

2. _____

3. _____

Haz un dibujo para mostrar lo que hizo Teddy Roosevelt cuando los nativos le dieron un regalo.

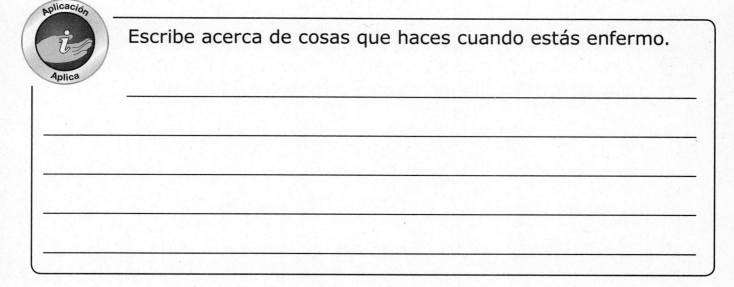

Escribe acerca de cosas que haces cuando estás enfermo.

_____

_____

_____

_____

Teddy Roosevelt dijo: "Es bueno hasta la última gota". ¿Qué quería decir con eso?

_____

_____

_____

¿Piensas que era una buena idea que los hijos del presidente Roosevelt arrojaran globos desde la azotea de la Casa Blanca?

Encierra en un círculo tu respuesta. **Sí** **No**

Explica tu respuesta. _____

_____

_____

Se le llama *teddy bear* a los ositos de peluche en honor al presidente Roosevelt. Diseña la ropa de un oso de peluche que muestre algo acerca del presidente Roosevelt.

¡Motívate! Mike dice: "Una inferencia es una conclusión que se hace usando conocimientos previos, evidencias o pistas".

Estación de motivación

Escribe palabras en los espacios en blanco para completar un poema acerca de ti mismo.

1. Mi nombre _____

2. Dos palabras que me describen _____, _____

3. Dos cosas a las que les tengo miedo _____, _____

4. Dos cosas que me gusta hacer _____, _____

5. Mi apellido _____

Diario

¿Te gustaría ser presidente de Estados Unidos? _____

Explica tu razonamiento. _____

_____

_____

_____

_____

Taylor Crabtree tenía 17 años cuando junto con su mamá empezó a pintar broches para el cabello. Usaba los broches en su clase de gimnasia y pensaba que se veían bonitos. A los demás también les gustaban. Entonces decidió vender los broches. Usaba el dinero que ganaba para comprar osos de peluche. Donaba los osos a niños que tenían cáncer. Quería que los niños tuvieran algo que pudieran abrazar. Taylor vendió muchos broches. Luego pidió a sus amigos que ayudaran a hacer y vender broches. Con los años, ha regalado más de 30,000 osos a los niños. Taylor tenía dos metas. Una era regalar osos de peluche a niños enfermos para que los quisieran. La segunda meta era ayudar a los niños a ayudar a otros niños.

1 ¿Cuál es la idea principal del párrafo?

Ⓐ Taylor Crabtree vende osos de peluche para ayudar a pacientes con cáncer.

Ⓑ Taylor Crabtree es una buena gimnasta.

Ⓒ A Taylor Crabtree le gusta pintar broches para el cabello.

Ⓓ Taylor Crabtree ayuda a pacientes con cáncer vendiendo broches.

2 ¿Por qué Taylor les regala osos de peluche a las personas?

Ⓕ Para vender más broches

Ⓖ Para enseñarles gimnasia

Ⓗ Para darles algo que puedan abrazar

Ⓙ Para hacer que sus amistades ayuden a otros

3 Lee esta oración del párrafo.

> *Usaba el dinero que ganaba para comprar osos de peluche.*

La palabra ganaba significa lo mismo que la palabra —

Ⓐ traía

Ⓑ obtenía

Ⓒ pagaba

Ⓓ daba

4 ¿Qué podrías hacer para ayudar a otros?

_____

_____

_____

Actividades para los padres

1. Lean libros acerca de presidentes de Estados Unidos y sus familias.

2. Busquen en Internet organizaciones de beneficencia que recolecten osos u otros juguetes para los niños. Descubran lo que podrían hacer para ayudar.

 motivation**reading**™NIVEL 2 ©2013–2014 mentoring**minds**.com

Lee la lectura y escoge la mejor respuesta para cada pregunta.

Una clase de segundo grado hizo una excursión al parque Tierra de las Aventuras. El señor Carson, el guía del viaje, utilizó los paseos del parque para enseñar a los estudiantes acerca del movimiento.

Ciencias en la Tierra de las Aventuras

1 **Sr. Carson:** ¡Bienvenidos a la Tierra de las Aventuras! Me imagino que nunca pensaron en aprender ciencias en un parque de diversiones. Miren el parque. ¿Qué cosas ven que estén en movimiento? El movimiento es el movimiento de objectos. Las personas también pueden estar en movimiento. ¿Cuándo están en movimiento?

2 **Elsie:** Estoy en movimiento cuando doy vueltas girando en mi clase de ballet.

3 **Art:** Estoy en movimiento cuando me deslizo por los juegos.

4 **Lucy:** Cuando doy volteretas o ruedo. ¿Eso también es un ejemplo de movimiento?

5 **Sr. Carson:** Girar, deslizarse y rodar son tres ejemplos de movimiento. Muchos de los juegos en la Tierra de las Aventuras giran, se deslizan o ruedan. Quiero mostrarles algo antes de ver los juegos. Observen a esta moneda girar, deslizarse y rodar. Cuando un objeto está en movimiento, se mueve siguiendo un patrón.

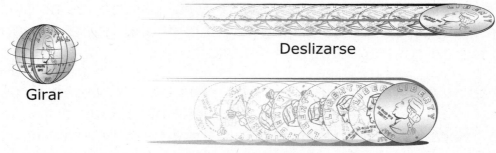

Girar

Deslizarse

Rodar

6 **Sr. Carson:** Ahora vean los paseos en la Tierra de las Aventuras. Vamos a observar la montaña rusa *Fuerza G*. Observen cómo se mueven los carros. Vean a las personas que van en la montaña rusa. Díganme lo que ven.

7 **Lexi:** Veo la montaña rusa. Va haciendo un ruido como de "clic, clic" mientras sube por la vía hacia el punto más alto. La montaña rusa parece detenerse arriba. ¡Miren! ¡Ahí viene moviéndose muy rápido hacia el suelo!

Rodando por las vías

8 **Sr. Carson:** Muy buena descripción, Lexi. Los carros de la montaña rusa suben por la vía hacia arriba de esa loma jalados por una cadena y un motor. La cadena es lo que hace el ruido de "clic, clic". La primera joroba de la montaña rusa es la más alta. Cuando los carros llegan al punto más alto, la gravedad los jala hacia abajo. Esta fuerza mantiene a los carros moviéndose por la vía hasta que termina el paseo. ¿Alguien vio a las personas que iban en la montaña rusa?

9 **Jerome:** Yo vi a los pasajeros. Se recargaban en los asientos cuando los carros iban subiendo. Se inclinaban hacia adelante cuando los carros bajaban por las vías.

10 **Sr. Carson:** Así es, Jerome. Hay fuerzas que empujan a los pasajeros contra los asientos cuando los carros van subiendo. Cuando los carros van bajando rápidamente, hay fuerzas que jalan a los pasajeros en la dirección en que los carros se están moviendo. Por eso parece que los pasajeros se van a caer hacia adelante. ¿Alguien notó lo que pasó con los pasajeros cuando se detuvo la montaña rusa?

11 **Caiden:** Los pasajeros se movieron hacia adelante cuando se escucharon los frenos, entonces se detuvieron los carros.

12 **Sr. Carson:** Exactamente. Una fuerza empuja a la montaña rusa haciendo que se detenga. Los pasajeros se mueven hacia adelante hasta que la fuerza de los cinturones de seguridad los detiene. Muy bien, ¿quién está listo para sentir la fuerza de gravedad en la montaña rusa? ¡Vamos a pasearnos en la montaña rusa!

13 **Lucy:** ¡Qué paseo tan divertido en la montaña rusa! Pero creo que para mí es suficiente. ¿Ahora podemos subirnos a la *Alfombra Mágica*?

14 **Sr. Carson:** Claro que sí, Lucy. Es uno de mis juegos favoritos. Mientras esperamos en la fila, vean cómo se mueven las personas sobre el tobogán. Las personas que se deslizan primero se sientan en la suave alfombra y se empujan. Esto los impulsa, poniéndolos en movimiento. Las personas se deslizan sobre una superficie lisa hasta que llegan al pasto. La superficie áspera frena su movimiento hasta que se detienen. Muy bien, ahora es nuestro turno. ¡Agárrense fuerte y no se caigan de su alfombra mágica!

Deslizándose cuesta abajo

15 **Lucy:** ¡Eso estuvo genial! ¡¿Ahora a qué juego nos vamos a subir?!

16 **Sr. Carson:** ¿Qué tal si nos subimos a las *Tazas Locas*? ¿Qué notan en el patrón de movimiento de las tazas?

17 **Jerome:** Las tazas giran en círculos como trompos.

Girando en círculos

18 **Sr. Carson:** Correcto. Si trazan el giro de una taza, su hoja quedaría llena de círculos. Las tazas se mueven en círculos. ¡Súbanse a las tazas y prepárense para girar muchas veces!

19 **Lucy:** ¡Vaya, Sr. Carson! ¡Después del paseo parece que todo el parque está dando vueltas! Todo en la Tierra de las Aventuras gira, rueda y se desliza.

20 **Sr. Carson:** Efectivamente, Lucy. El parque de atracciones está en movimiento constante. Ahora movámonos nosotros para divertirnos descubriendo más cosas científicas en la Tierra de las Aventuras.

 motivation**reading**™ NIVEL 2 ©2013–2014 mentoring**minds**.com

1 Los patrones de movimiento que se observan en la Tierra de las Aventuras son —

Ⓐ empujar, deslizarse, circular

Ⓑ rodar, girar, deslizarse

Ⓒ saltar, montar, caminar

Ⓓ girar, jalar, forzar

2 ¿Cuál palabra en el párrafo 10 significa lo opuesto que la palabra empujan?

Ⓕ *jalan*

Ⓖ *bajando*

Ⓗ *parece*

Ⓙ *notó*

3 ¿Cuál palabra en el párrafo 14 significa lo opuesto a la palabra lisa?

Ⓐ *pasto*

Ⓑ *suave*

Ⓒ *mágica*

Ⓓ *áspera*

4 El autor escribió "Ciencias en la Tierra de las Aventuras" para —

Ⓕ convencer al lector de que visite la Tierra de las Aventuras

Ⓖ explicar por qué las personas se montan en los paseos de la Tierra de las Aventuras

Ⓗ describir patrones de movimiento en la Tierra de las Aventuras

Ⓙ mostrar al lector cómo planear una visita a la Tierra de las Aventuras

5 ¿De qué trata principalmente el párrafo 5?

Ⓐ El movimiento de las personas

Ⓑ Los giros de las monedas

Ⓒ Los patrones de movimiento

Ⓓ El deslizamiento en los juegos

6 ¿Cómo se mueve un objeto que gira?

Ⓕ Se mueve de un extremo a otro.

Ⓖ Se mueve deslizándose.

Ⓗ Se mueve rápidamente en una superficie áspera.

Ⓙ Se mueve en círculos.

7 ¿Qué causa que una montaña rusa se mueva hacia el suelo?

Ⓐ La cadena

Ⓑ El motor

Ⓒ El movimiento

Ⓓ La fuerza

8 ¿Por qué el autor usa pies de foto?

Ⓕ Para describir una investigación sobre ciencias

Ⓖ Para explicar las fotografías

Ⓗ Para colocar la información en orden

Ⓙ Para dar la idea principal

9 ¿Cuál sería el mejor pie de foto para el diagrama debajo del párrafo 5?

Ⓐ Patrones de movimiento de una moneda

Ⓑ Los giros de una moneda

Ⓒ Ejemplos de gravedad

Ⓓ Movimiento en la Tierra de las Aventuras

10 ¿Cuál fotografía es un ejemplo de un giro?

Ⓕ La fotografía debajo del párrafo 5

Ⓖ La fotografía debajo del párrafo 7

Ⓗ La fotografía debajo del párrafo 14

Ⓙ La fotografía debajo del párrafo 17

motivation**reading**™NIVEL 2

Ciencias en la Tierra de las Aventuras

Conocimiento · Recuerda

¿Cuáles son los tres patrones de movimiento que describe la lectura?

1. _____

2. _____

3. _____

Comprensión · Entiende

Explica con tus propias palabras el significado de la palabra *movimiento*.

_____

_____

_____

Aplicación · Aplica

Describe ejemplos de movimiento que ves en tu salón de clases.

_____

_____

_____

Unidad 2 Razonamiento crítico

Explica cómo se facilita el trabajo con objetos que ruedan, giran o se deslizan.

_____

_____

_____

_____

¿Piensas que la visita de los estudiantes a la Tierra de las Aventuras fue una buena manera de aprender?

Encierra en un círculo tu respuesta.   **Sí**   **No**

Explica tu repuesta. _____

_____

Inventa un juego en un parque de atracciones y dibújalo. Escribe rótulos para identificar los movimientos del juego.

motivation**reading**™ NIVEL 2

¡Motívate! Molly dice: "Los antónimos son palabras con significados opuestos. Los sinónimos tienen significados similares".

Estación de motivación

Usa las palabras del recuadro para completar el crucigrama.

fuerza	empujar	jalar	gravedad
movimiento	rodar	girar	deslizarse

Horizontal:

4. Fuerza que causa que los objectos caigan

6. Mover algo en un movimiento circular

7. Fuerza para acercar algo

8. Fuerza para alejar un objeto

Vertical:

1. Algo que cambia el movimiento de un objeto

2. Acción y efecto de mover

3. Dar vueltas desplandándoze sobre una superficie

5. Moverse suavemente por una superficie

Diario

¿Cuál es tu juego favorito en el parque de diversiones? Explica por qué es tu juego favorito.

_____

_____

_____

_____

La clase de la Sra. Maybarry <u>observó</u> objetos en movimiento. Anotaron sus observaciones en esta tabla.

	Gira	Se desliza	Rueda
Regla	✓	✓	
Botella	✓	✓	✓
Carrito de juguete	✓	✓	✓
Tenedor	✓	✓	
Tiza	✓	✓	✓

1 ¿Cuál es el significado de la palabra <u>observó</u>?

Ⓐ Predecir información acerca de los usos del movimiento

Ⓑ Anotar la información en una tabla

Ⓒ Obtener información usando los sentidos

Ⓓ Crear información acerca de objetos

2 ¿Qué puede comprender el lector con base en la información de la tabla?

Ⓕ Cómo leer una tabla

Ⓖ Cómo se mueven algunos objetos

Ⓗ Las causas del movimiento

Ⓙ Las fuerzas de los objetos

3 Observa la tabla. ¿Cuál objeto no rueda?

Ⓐ La botella

Ⓑ La tiza

Ⓒ El carrito de juguete

Ⓓ El tenedor

4 ¿Qué causa que rueden la botella y el carrito de juguete?

_____

_____

_____

_____

✂- -

Actividades para los padres

1. Pida a su hijo(a) que reúna 10 objetos del hogar. Pongan a prueba los objetos para determinar si se deslizan, ruedan o giran.

2. Gire, ruede y deslice una moneda con su hijo(a). Comente los patrones de movimiento que su hijo(a) observa.

3. Pida a su hijo(a) que realice movimientos como girar, rodar y deslizarse.

motivation**reading**™NIVEL 2

Lee la lectura y escoge la mejor respuesta para cada pregunta.

John Henry era un afroamericano que trabajaba en el ferrocarril. Es el héroe de muchas historias. Las historias acerca de John Henry se conocen como relatos fantásticos. Muchos de los detalles son exageraciones porque no podrían haber ocurrido en realidad.

John Henry: El taladrador de acero

1   John Henry era diferente de otros bebés. La noche en que nació hubo relámpagos y la tierra se estremeció. Las personas dicen que John Henry nació con un martillo en la mano.

2   Cuando nació, John Henry pasó de ser un bebé a ser un hombre de ocho pies de estatura en un solo día. Su mamá entró en la habitación y no podía creer lo que veía. John Henry estaba levantando su cuna por encima de su cabeza.

3   —¡Vamos a necesitar una casa más grande para ti! —dijo la mamá de John Henry.

4   —No hay problema —dijo John. Con un martillo y madera construyó una casa nueva para su mamá. La casa era de dos pisos y tenía un gran porche a la entrada.

5   Cuando John tenía 18 años, pesaba 300 libras. Tenía músculos de acero. John podía levantar un caballo con una mano.

6   John tuvo muchos trabajos y ayudaba a todas las personas que conocía. Una vez John reparó un barco en un río y les salvó la vida a todos los tripulantes. La gente decía: "John Henry es grande, pero su corazón es más grande todavía".

7   Después, John Henry trabajó en el ferrocarril. Se estaban construyendo vías de ferrocarril por todo el país. Antes de que las vías de ferrocarril pudieran colocarse, se contrataban miles de hombres para que <u>despejaran</u> el terreno. Los trabajadores cortaban árboles, movían rocas y hacían cortes en las montañas. Usaban grandes martillos de acero para perforar las rocas. Se colocaba dinamita en los agujeros y al explotar la dinamita se formaban túneles profundos en las montañas.

8   —Es el trabajo para el que estoy hecho. Quiero ser un taladrador de acero —dijo John. Estaba ansioso por usar su martillo para ayudar a construir el ferrocarril.

9   John Henry estaba orgulloso de su trabajo. Era tan rápido que su martillo formaba un arco iris sobre su hombro cada vez que daba un golpe con él. Un día, su jefe estaba preocupado.

10   —Esta roca es demasiado dura. Ni siquiera la dinamita puede romperla. ¡No sé qué hacer! —exclamó el jefe.

11   —No se preocupe —dijo John Henry. Golpeó la roca con su martillo, la roca se desbarató y todos gritaron: ¡hurra! El nuevo ferrocarril se construyó rápido gracias a la fuerza de John Henry.

12   Algunas veces, el personal del ferrocarril tenía que enfrentarse a grandes desafíos. No podían poner vías sobre las montañas ni rodearlas. El jefe de John dijo que tendrían que hacer agujeros en las montañas.

13   Un día, un vendedor trajo un gran taladro con motor de vapor.

14   —Mi máquina puede perforar a través de estas montañas en un instante —dijo el vendedor presumiendo—. Si usted usa mi taladro, ya no necesitará a los trabajadores del ferrocarril.

15   —¡Espere un momento! —gritó John—. ¡Ninguna máquina va a remplazarme! Reto a su taladro a una competencia.

16   John Henry tomó un martillo en cada mano y compitió contra el taladro. John perforó catorce pies de roca. El taladro sólo perforó nueve pies. John Henry ganó la competencia y todos los hombres lo aclamaron.

17   —Estoy orgulloso de haber ganado la competencia. Ninguna máquina puede remplazar a un hombre trabajador —dijo John. Sus amigos notaron que John comenzaba a debilitarse. Se cayó al piso y en ese momento el gran corazón de John dejó de latir.

18   Este héroe murió ese día, pero su historia sigue viva. John Henry será recordado como el mejor taladrador que jamás haya vivido.

1 Lee el diagrama de eventos del relato fantástico.

> John Henry construye una casa para su mamá.

↓

> John Henry se une al personal del ferrocarril.

↓

> [   ]

↓

> John Henry muere.

¿Qué evento va en el recuadro vacío?

Ⓐ John Henry salva a la tripulación de un barco en el río.

Ⓑ La historia de John Henry se convierte en leyenda.

Ⓒ John Henry levanta la cuna por encima de su cabeza.

Ⓓ John Henry reta a un taladro con motor de vapor a competir con él.

2 John Henry reta al taladro porque quiere —

Ⓕ ser reconocido como héroe

Ⓖ salvar el empleo de los trabajadores del ferrocarril

Ⓗ ganar dinero para dárselo a su mamá

Ⓙ mover su martillo para hacer un arco iris hermoso

3 ¿Qué pasa cuando John Henry mueve su martillo?

Ⓐ Las personas gritan "hurra".

Ⓑ Se forma un arco iris.

Ⓒ Su jefe se preocupa.

Ⓓ Los trabajadores se tapan los oídos.

 motivation**reading**™NIVEL 2 ©2013–2014 mentoring**minds**.com

4 ¿Qué lección se puede aprender de "John Henry: El taladrador de acero"?

Ⓕ Es importante ser fuerte.

Ⓖ Es importante leer relatos fantásticos.

Ⓗ Es importante cuidar a los padres.

Ⓙ Es importante ayudar a otros.

5 ¿Cuál oración del relato fantástico muestra que John Henry era una persona amable?

Ⓐ —¡Vamos a necesitar una casa más grande para ti! —dijo la mamá de John Henry.

Ⓑ John Henry estaba orgulloso de su trabajo.

Ⓒ La gente decía: "John Henry es grande, pero su corazón es más grande todavía".

Ⓓ Después, John Henry trabajó en el ferrocarril.

6 Lee esta oración del párrafo 5 del relato fantástico.

> *Tenía músculos de acero.*

En esta oración, ¿qué significa la frase "músculos de acero".

Ⓕ Músculos fuertes

Ⓖ Músculos grandes

Ⓗ Músculos brillantes

Ⓙ Músculos suaves

7 ¿Cuál es el significado de la palabra despejaran en el párrafo 7?

Ⓐ Quitaran la hierba.

Ⓑ Lanzaran un objeto.

Ⓒ Iniciaran el vuelo.

Ⓓ Aclararan dudas.

8 ¿Cuál oración muestra que "John Henry: El taladrador de acero" es un relato fantástico?

Ⓕ *John Henry era diferente de otros bebés.*

Ⓖ *John tuvo muchos trabajos y ayudaba a todas las personas que conocía.*

Ⓗ *Cuando nació, John Henry pasó de ser un bebé a ser un hombre de ocho pies de estatura en un solo día.*

Ⓙ *John Henry ganó la competencia y todos los hombres lo aclamaron.*

9 ¿Por qué pensaba la gente que John Henry era un héroe?

Ⓐ Era un hombre muy trabajador.

Ⓑ Construía ferrocarriles.

Ⓒ Salvó los empleos de muchos trabajadores.

Ⓓ Era popular.

10 ¿Cuál oración del relato fantástico coincide mejor con la ilustración de John Henry?

Ⓕ *John Henry tomó un martillo en cada mano y compitió contra el taladro.*

Ⓖ *Era tan rápido que su martillo formaba un arco iris sobre su hombro cada vez que daba un golpe con él.*

Ⓗ *Usaban grandes martillos de acero para perforar las rocas.*

Ⓙ *Estaba ansioso por usar su martillo para ayudar a construir el ferrocarril.*

John Henry: El taladrador de acero

¿Qué tenía John Henry en la mano la noche en que nació?

_____

Escribe un ejemplo de una exageración del relato fantástico.

_____

_____

_____

Piensa acerca de alguien que conoces que pudiera ser el héroe o heroína de un relato fantástico. Exagera algo acerca de esa persona.

_____

_____

_____

_____

Unidad 3 Razonamiento crítico

¿De qué manera el ser tan fuerte como John Henry hace que la vida de una persona sea más difícil o desafiante?

_____

_____

_____

_____

En tu opinión, ¿qué es lo que más te gustaría si tuvieras un pariente que fuera el héroe de un relato fantástico? ¿Y qué te gustaría menos? Explica tu razonamiento para cada opción.

Me gustaría más _____ .

¿Por qué? _____

Me gustaría menos _____ .

¿Por qué? _____

Explica cómo cambiaría tu vida si John Henry fuera tu amigo.

_____

_____

_____

_____

motivation**reading**™ NIVEL 2

¡Motívate! Mike dice: "Los autores usan escenarios, personajes, argumentos y temas para contar historias".

Estación de motivación

Lee este poema acerca de John Henry.

John Henry
Ayudando, edificando, martillando
A las embarcaciones
En los ferrocarriles
Por las montañas
Era el taladrador más fuerte de todos los hombres.

Usa este patrón para escribir un poema acerca un héroe.

Línea 1 –   Nombre del héroe   _____

Línea 2 –   Tres verbos que digan

acciones del héroe   _____, _____, _____

Líneas 3, 4 y 5 –   Tres frases   _____

diciendo dónde puede   _____

encontrarse el héroe   _____

Línea 6 –   Una oración acerca el héroe   _____

Diario

Describe qué hace que una persona sea un héroe.

_____

_____

_____

_____

Unidad 3 Tarea

Pecos Bill era el más joven de 18 hermanos. Era un bebé fuerte que usó cuchillo en lugar de mordedera. Cuando era niño, unos colonos se establecieron a 50 millas de la cabaña de su familia. Los padres de Bill no querían vivir en un lugar tan poblado, así que se mudaron. Mientras viajaban hacia el oeste por el río Pecos, Bill se cayó de la carreta. Las fuertes corrientes lo arrastraron y unos coyotes lo rescataron. Estos animales salvajes criaron a Pecos Bill como a uno de sus cachorros. Aprendió a aullarle a la Luna y a correr con la manada. Años después, Pecos Bill se hizo vaquero. Cantaba canciones de vaqueros para calmar al ganado. Se cuentan otras historias de Bill. Montó un ciclón y lazó todo un ganado de vacas con un solo lazo. Pecos Bill es un héroe del folclore que mostró fuerza y coraje.

1 ¿Por qué se fue al oeste la familia de Bill?

Ⓐ Se destruyó su casa.

Ⓑ Necesitaban nuevos empleos.

Ⓒ Necesitaban una casa más grande.

Ⓓ Sus vecinos vivían muy cerca.

2 Los relatos fantásticos de John Henry y Pecos Bill se parecen porque ambos incluyen eventos —

Ⓕ acerca de la construcción del ferrocarril

Ⓖ que no pueden pasar en la vida real

Ⓗ acerca de vaqueros

Ⓙ cerca de ríos

3 ¿De dónde obtiene su nombre Pecos Bill?

Ⓐ De su padre

Ⓑ De un río

Ⓒ De una manada de coyotes

Ⓓ De su mordedera

4 Escribe una exageración que encuentres en el párrafo.

_____

_____

_____

_____

_____

✂ -

Actividades para los padres

1. Usen fuentes digitales o impresas para encontrar ejemplos de exageraciones. Comenten sus significados y las maneras en que se usan en las conversaciones cotidianas.

2. Hagan un relato fantástico acerca de su familia.

 motivation**reading**™NIVEL 2

Lee la lectura y escoge la mejor respuesta para cada pregunta.

Patrones en el cielo

1   Observa el cielo nocturno. ¿Qué ves? Puedes ver más estrellas centellantes de las que puedes contar. El poema "La estrella" cuenta que las personas tienen curiosidad por estas luces en el cielo. ¿Alguna vez te han llamado la atención las estrellas? ¿Te has preguntado cómo forman patrones en el cielo?

La estrella
por Jane Taylor

Estrellita, ¿dónde estás?

Me pregunto qué serás.

En el cielo y sobre el mar,

Un diamante de verdad.

5   Cuando el sol ya se escondió,

Y ya no brilla su calor,

Muestras tu pequeña luz,

Centelleando con candor.

2   El día y la noche es un <u>patrón</u> que se repite cada 24 horas. Las estrellas se pueden ver de noche. Durante el día parece que las estrellas <u>desaparecen</u>. La luz del Sol es tan brillante que durante el día no se pueden ver la mayoría de las estrellas. Durante el día, el Sol brilla sobre la parte de la Tierra que está frente al Sol. Al mismo tiempo, es de noche en el lado opuesto de la Tierra.

3   ¿Has visto que las estrellas parecen moverse por el cielo? Sigue estos pasos para notar los cambios en el cielo nocturno.

Observando el cielo

Materiales
- 3 tarjetas índice
- lápiz

Procedimiento

Paso 1: Haz un dibujo de tu casa en las tres tarjetas índice. Agrega detalles como los árboles y la entrada a la cochera.

Paso 2: Sal en una noche cuando el cielo esté despejado. Párate frente a tu casa para observar el cielo.

Paso 3: Dibuja en una tarjeta lo que ves en el cielo.

Paso 4: Después de una semana, dibuja en la segunda tarjeta lo que ves en el cielo.

Paso 5: Después de dos semanas, dibuja en la tercera tarjeta lo que ves en el cielo.

Paso 6: Observa los dibujos en tus tres tarjetas. Contesta estas preguntas:

- ¿Qué objetos no cambiaron en los tres dibujos?

- ¿Qué cambios ves en los dibujos?

- ¿Qué muestran tus observaciones?

---

 motivation**reading**™NIVEL 2

4   Contempla las estrellas en el cielo nocturno. Están muy lejos de la Tierra. Esta distancia hace que las estrellas se vean muy pequeñas. Puedes ver una estrella o un grupo de estrellas. Un grupo de estrellas que forman un patrón es una constelación. Una constelación es como un dibujo que se obtiene al unir los puntos. El nombre del patrón de estrellas describe lo que parece. Se pueden ver diferentes constelaciones en distintas épocas del año. Se ven cosas distintas cuando contemplas las estrellas durante el invierno y en el verano.

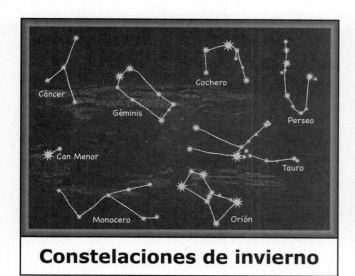

Constelaciones de invierno

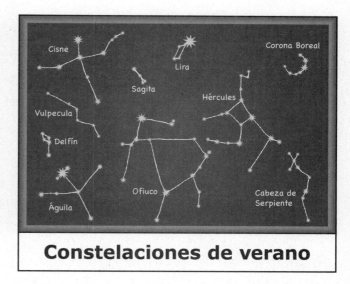

Constelaciones de verano

5   Los patrones creados por las estrellas son útiles para las personas. Hace mucho tiempo, los granjeros observaban el cielo nocturno para saber cuándo sembrar los cultivos. Los marineros dependían de las estrellas para guiar sus barcos. Seguían estrellas que brillaban en el norte, el sur, el este y el oeste. Los marineros y los granjeros inventaron nombres, mitos y leyendas para explicar los patrones de las estrellas.

6   Observa las estrellas centelleantes en el cielo nocturno. ¿Qué patrones puedes ver muy alto, arriba del mundo?

Unidad 4 Evaluación

1 En el párrafo 2, el prefijo *des-* en la palabra <u>desaparecen</u> significa —

Ⓐ antes de

Ⓑ con

Ⓒ lo opuesto

Ⓓ otra vez

2 ¿Cómo ayudan las constelaciones a los marineros?

Ⓕ Los dirigen en la dirección correcta.

Ⓖ Empujan a los barcos por el agua.

Ⓗ Alumbran a los barcos.

Ⓙ Muestran la ubicación de la Luna.

3 ¿Qué significa la palabra <u>patrón</u> como se usa en el párrafo 2?

Ⓐ Diseño

Ⓑ Evento regular

Ⓒ Guía

Ⓓ Buen ejemplo

4 ¿Cuáles dos palabras riman en "La estrella"?

Ⓕ *escondió, estás*

Ⓖ *luz, candor*

Ⓗ *calor, candor*

Ⓙ *verdad, luz*

       motivation**reading**™NIVEL 2

5 El autor escribe "Patrones en el cielo" para —

Ⓐ describir las estrellas en el cielo

Ⓑ contar una historia acerca de las estrellas

Ⓒ explicar cómo se forman las estrellas

Ⓓ convencer a las personas de que estudien las estrellas

6 ¿Por qué el autor incluye el **Paso 3, Paso 4** y **Paso 5** en **Observando el cielo**?

Ⓕ Para mostrar las formas de la Luna

Ⓖ Para que el lector sepa el orden de los pasos

Ⓗ Para mostrar los materiales necesarios

Ⓙ Para que el lector vea los cambios en el cielo

7 ¿Cuál paso de **Observando el cielo** ayuda al lector a pensar en lo que ha observado?

Ⓐ **Paso 1**

Ⓑ **Paso 2**

Ⓒ **Paso 5**

Ⓓ **Paso 6**

8 ¿Qué características del texto se usan para explicar las ilustraciones debajo del párrafo 4?

Ⓕ Títulos

Ⓖ Pies de foto

Ⓗ Puntos de entrada

Ⓙ Palabras subrayadas

9 ¿Cuál es la idea principal del párrafo 5?

Ⓐ Las estrellas son útiles para las personas.

Ⓑ Un patrón de estrellas es una constelación.

Ⓒ A las personas les gusta observar las estrellas.

Ⓓ Los mitos son historias acerca de las estrellas.

10 ¿Cuál oración de la lectura explica las ilustraciones debajo del párrafo 4?

Ⓕ *Los patrones creados por las estrellas son útiles para las personas.*

Ⓖ *Seguían estrellas que brillaban en el norte, el sur, el este y el oeste.*

Ⓗ *Esta distancia hace que las estrellas se vean muy pequeñas.*

Ⓙ *Se pueden ver diferentes constelaciones en distintas épocas del año.*

Patrones en el cielo

Conocimiento *i* **Recuerda**

Un grupo de estrellas que forma un patrón es una

_____ .

Comprensión *i* **Entiende**

Explica cómo ayudan las estrellas a los granjeros.

_____

_____

_____

_____

Aplicación *i* **Aplica**

Escribe acerca de una vez que viste algo inusual en el cielo.

_____

_____

_____

_____

_____

Unidad 4 Razonamiento crítico

¿Por qué la poetisa compara una estrella con un diamante?

_____

_____

_____

_____

¿Piensas que es prudente que los marineros usen las constelaciones para guiarse?

Encierra en un círculo tu respuesta.   Sí   No   Quizá

Apoya tu razonamiento. _____

_____

_____

Inventa una constelación original. Dibújala y ponle nombre.

_____

¡Motívate! Molly dice: "Los lectores usan las características del texto para comprender mejor el significado del texto y las gráficas".

Estación de motivación

Escribe un mito breve para explicar la constelación que inventaste en la actividad de *Síntesis* en la sección *Razonamiento crítico*.

Nombre de la constelación: _____

Mito: _____

_____

_____

_____

_____

_____

_____

Diario

Haz una lluvia de ideas acerca de cosas que siguen un patrón.

_____

_____

_____

_____

_____

Unidad 4 Tarea

Una leyenda es una historia que se cuenta a través de los años como si fuera verdadera. Los griegos hicieron esta leyenda para explicar dos constelaciones.

Orión era un cazador hermoso y <u>poderoso</u>. Hacía alarde de que era más poderoso que las otras criaturas. Los dioses se cansaron de lo presumido que era Orión. Enviaron a la constelación que se llama Escorpio, que es un escorpión, para castigarlo. Escorpio picó a Orión en el pie. El cazador supo que al morir sería puesto entre las estrellas junto con Escorpio. Orión suplicó a los dioses que lo pusieran lejos de Escorpio. Ellos le concedieron su deseo al poderoso cazador. Ahora, Orión gobierna los cielos invernales y Escorpio gobierna los cielos de verano. Por lo tanto, el cazador y el escorpión nunca aparecen en el cielo al mismo tiempo.

1 ¿Por qué envían a Escorpio a castigar a Orión?

Ⓐ Orión se está muriendo.

Ⓑ Orión es hermoso.

Ⓒ Orión es presumido.

Ⓓ Orión lo suplica.

2 ¿Por qué Orión suplica que lo pongan lejos Escorpio?

Ⓕ Está feliz con Escorpio.

Ⓖ Se fastidia de Escorpio.

Ⓗ Tiene celos de Escorpio.

Ⓙ Teme a Escorpio.

3 ¿Qué significa el sufijo *-oso* en la palabra <u>poderoso</u>?

Ⓐ Alguien que

Ⓑ Que puede

Ⓒ Que no tiene

Ⓓ Lleno de

4 Selecciona y escribe dos palabras del párrafo. Para cada palabra, escribe una palabra que tenga un significado similar.

_____ — _____

_____ — _____

✂ -

Actividades para los padres

1. Contemple las estrellas junto con su hijo(a). Pida a su hijo(a) que dibuje lo que observa.

2. Usen la Internet para localizar constelaciones que se puedan ver en este tiempo.

3. Inventen una constelación que represente algo acerca de su familia.

Lee la lectura y escoge la mejor respuesta para cada pregunta.

La maestra de Justin les pidió a sus estudiantes de segundo grado que escribieran biografías de sus autores favoritos. Justin escribió acerca de Dav Pilkey.

Mi autor favorito: Dav Pilkey
por Justin King

1   Mi autor favorito es Dav Pilkey. Me encanta leer sus libros. Los libros del *Capitán Calzoncillos* son muy divertidos.

2   Dav Pilkey nació el 4 de marzo de 1966, en Cleveland, Ohio. Vivió con su mamá, su papá y Cindy, su hermana mayor. Dav era un niño feliz. Le gustaba dibujar. Mientras que otros niños salían a jugar, Dav se quedaba adentro dibujando.

3   A Dav no le gustaba la escuela. Se metía en problemas muy seguido. Para Dav era difícil leer porque era disléxico. Los niños disléxicos ven las palabras con las letras en desorden. Dav jugaba y se reía en clase. Sus compañeros pensaban que era gracioso, pero su maestra no pensaba lo mismo, así que puso su escritorio en el pasillo.

4   Dav Pilkey se sentaba en el pasillo y hacía dibujos. Escribía historias para sus dibujos. Dav engrapaba hojas para hacer sus libros. Creó a un superhéroe llamado "El sorprendente Capitán Calzoncillos". El Capitán Calzoncillos iba volando  y les hacía bromas pesadas a los malvados. A todos los estudiantes les encantaban los libros que Dav hacía con sus propias manos. Pero a sus maestros no les gustaban sus divertidas historias. Una de las maestras le dijo a Dav que dejara de perder tiempo con sus libros tan

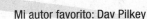
tontos. Ella <u>destruyó</u> sus libros. Dav Pilkey no se desanimó. En lugar de eso, sus compañeros y sus padres lo animaron para que siguiera escribiendo.

5   Ya en la secundaria, Dav asistía a una escuela muy estricta. Sus maestros no disfrutaban de su creatividad. Pensaban que Dav debía enfocarse en su trabajo escolar en lugar de dibujar. El director le dijo que como artista nunca podría ganar lo suficiente para vivir. Dav estaba más decidido que nunca a convertirse en dibujante y escritor.

6   En 1984, Dav Pilkey estudió arte en la universidad. Una de sus maestras notó que tenía talento para escribir. Esta maestra pensó que Dav debería escribir libros para publicarlos. Dav se entusiasmó con la idea y decidió dedicarse a escribir libros para niños.

7   Dav participó en un concurso. Escribió e ilustró *World War Won*, con el cual Dav ganó el concurso y se publicó su libro. ¡Dav Pilkey ya era escritor!

8   Dav Pilkey ha escrito e ilustrado muchos libros. Mis favoritos son *Hally Tosis* y *Hallo-Wiener*. Pienso que también te gustarían a ti. De niño, castigaban a Dav por hacer reír a los demás. Ahora ese es su trabajo.

1 La palabra destruyó en el párrafo 4 significa —

Ⓐ cerró

Ⓑ rompió

Ⓒ presentó

Ⓓ leyó

2 El lector puede decir que Dav Pilkey —

Ⓕ era un estudiante fuerte

Ⓖ disfrutaba de leer libros

Ⓗ usaba su imaginación

Ⓙ disfrutaba la escuela

3 ¿Cuál oración de la lectura muestra que Dav Pilkey no se desanimaba fácilmente?

Ⓐ *Esta maestra pensó que Dav debería escribir libros para publicarlos.*

Ⓑ *Mientras que otros niños salían a jugar, Dav se quedaba adentro dibujando.*

Ⓒ *Para Dav era difícil leer porque era disléxico.*

Ⓓ *Dav estaba más decidido que nunca a convertirse en dibujante y escritor.*

4 ¿Cuál oración de la lectura muestra que Dav Pilkey es un autor exitoso?

Ⓕ *Dav Pilkey se sentaba en el pasillo y hacía dibujos.*

Ⓖ *Dav se entusiasmó con la idea y decidió dedicarse a escribir libros para niños.*

Ⓗ *Dav participó en un concurso.*

Ⓙ *Dav Pilkey ha escrito e ilustrado muchos libros.*

5 Justin King escribe acerca de Dav Pilkey para —

Ⓐ describir cómo Dav se convirtió en autor

Ⓑ comparar a Dav con su hermana cuando eran niños

Ⓒ explicar cómo Dav hacía dibujos cuando era niño

Ⓓ mostrar cómo Dav aprendió a hacer libros en la escuela

6 Lee esta oración del párrafo 6.

> *Una de sus maestras notó que tenía talento para escribir.*

¿Qué significan las palabras "talento para escribir"?

Ⓕ Habilidad para escribir

Ⓖ Ganas de escribir

Ⓗ Miedo de escribir

Ⓙ Cuaderno para escribir

7 ¿Cuál es el mejor resumen de "Mi autor favorito: Dav Pilkey"?

Ⓐ Dav Pilkey era un niño feliz al que le gustaba dibujar. No salía a jugar. Dav Pilkey comenzó a escribir libros en la universidad.

Ⓑ De niño, a Dav Pilkey le encantaba reír y dibujar. No le gustaba leer. Dav Pilkey llegó a ser escritor y dibujante.

Ⓒ A Dav Pilkey no le gustaba la escuela. Sus maestros se enojaban cuando no terminaba su trabajo. A Dav Pilkey lo mandaban muy seguido a la dirección.

Ⓓ Dav Pilkey entró a un concurso de escritura. Escribió un libro. Dav ganó el concurso.

8 ¿Por qué Justin King incluye los dibujos en la biografía?

Ⓕ Para mostrar cómo aprendió a leer Dav

Ⓖ Para mostrar lo que podría estar haciendo Dav en lugar de su trabajo escolar

Ⓗ Para mostrar cómo aprendió Dav a escribir historias

Ⓙ Para mostrar lo que dibujó Dav para el concurso

9 ¿Cuál es el nombre del libro de Dav que ganó el concurso?

Ⓐ *The Hallo-wiener*

Ⓑ *Hally Tosis*

Ⓒ *World War Won*

Ⓓ *Capitán Calzoncillos*

10 ¿Qué lección se puede aprender de Dav Pilkey?

Ⓕ Sigue tus sueños.

Ⓖ Sé un buen estudiante.

Ⓗ Escucha a tus maestros.

Ⓙ Leer es divertido.

Mi autor favorito: Dav Pilkey

Conocimiento *i* **Recuerda**

¿En dónde nació Dav Pilkey?

_____

_____

Comprensión *i* **Entiende**

Explica con tus propias palabras por qué a Dav no le gustaba la lectura.

_____

_____

_____

_____

Dav Pilkey tenía talento para la escritura. Escribe acerca de uno de tus talentos.

_____

_____

_____

_____

Unidad 5 Razonamiento crítico

¿Por qué piensas que Dav Pilkey es un autor y dibujante famoso?

_____

_____

_____

_____

¿Piensas que Dav debía haber estado dibujando en clase?

_____

Explica tu razonamiento. _____

_____

_____

Dibuja y describe a un personaje nuevo para un libro de Dav Pilkey.

 motivation**reading**™NIVEL 2

¡Motívate! Mike dice: "Un lector puede saber el significado de las palabras usando pistas en el contexto".

Estación de motivación

Usa las letras de las palabras *Capitán Calzoncillos* para crear tantas palabras como sea posible. Solo puedes usar las letras que están en las palabras. Se presenta un ejemplo.

Capitán Calzoncillos

Ejemplo: _pánico_

_____   _____

_____   _____

_____   _____

_____   _____

Diario

Escribe acerca de tu libro favorito.

_____

_____

_____

_____

_____

De niño, Dav Pilkey usaba su imaginación para escribir historias. Escribe una história graciosa usando tu imaginación, revistas viejas y estas instrucciones.

Materiales:
- revistas
- tijeras
- lápiz adhesivo
- lápiz
- papel
- marcadores

Pasos:
1. Encuentra en una revista la foto de una persona que será el personaje principal de tu historia divertida.
2. Recorta la foto de la revista.
3. Pega la foto en una hoja de papel.
4. Ponle un nombre a tu personaje principal.
5. Imagina cosas interesantes acerca del personaje. *¿Cuál es su trabajo? ¿En dónde vive? ¿Qué le gusta hacer? ¿Qué mascotas tiene?*
6. Escribe una historia usando tus ideas creativas.
7. Agrega detalles e ilustraciones para completar tu historia divertida.

1 El autor usa puntos de entrada para mostrar —

Ⓐ por qué son importantes los materiales

Ⓑ cómo usar los materiales

Ⓒ qué materiales se necesitan

Ⓓ en dónde encontrar los materiales

2 El autor incluye el **Paso 5** para ayudar al lector a —

Ⓕ ponerle nombre al personaje

Ⓖ planear la historia

Ⓗ seleccionar un dibujo

Ⓙ ilustrar la historia

3 ¿Por qué el autor usa números para los pasos?

Ⓐ Es importante el orden de los pasos.

Ⓑ Es importante el tiempo para cada paso.

Ⓒ Se deben usar siete pasos para escribir una historia.

Ⓓ Se debe usar cada paso para describir a los personajes.

4 Escribe un octavo paso para mostrar cómo vas a compartir tu historia con los demás.

_____

_____

_____

Lee la lectura y escoge la mejor respuesta para cada pregunta.

La señora Mann invitó al alcalde a hablarles a sus estudiantes acerca de los trabajadores que ayudan en su comunidad. El alcalde Todd mostró esta presentación de PowerPoint® a la clase.

Las manos que ayudan en nuestra comunidad

¿Quiénes son los trabajadores de la comunidad?

1   Cada una de las personas que trabajan para nuestra ciudad es un trabajador <u>comunitario</u>. Estos trabajadores proporcionan servicios a nuestros ciudadanos. Los bomberos, policías y carteros son trabajadores de la comunidad. Los maestros y los médicos de emergencias también ayudan a las personas de nuestra comunidad. Piensa en alguien que conozcas que ayuda a que nuestra comunidad sea un lugar mejor.

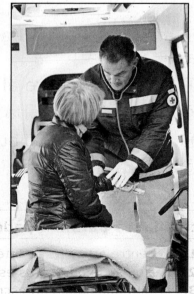

¿Cómo ayudan los bomberos a nuestra comunidad?

2   Los bomberos ayudan a nuestra comunidad. Ellos protegen las casas y los negocios cuando hay incendios. Estos trabajadores rescatan personas de las casas y edificios que se están quemando. Los bomberos inspeccionan el equipo. Es importante que sus herramientas funcionen apropiadamente. Los bomberos deben levantar objetos pesados y subir por escaleras muy altas. Hacen ejercicio para estar fuertes. Estos trabajadores de la comunidad aprenden nuevas maneras de hacer nuestra ciudad más segura. Enseñan a los ciudadanos cómo <u>prevenir</u> incendios. Algunos bomberos proporcionan atención médica. Los bomberos son trabajadores valientes en nuestra comunidad.

¿Cómo ayudan los oficiales de policía a nuestra comunidad?

3   Los oficiales de policía trabajan día y noche para proteger nuestra ciudad. Estos trabajadores quieren que nuestros ciudadanos estén a salvo. Les recuerdan a las personas que obedezcan las leyes. Los policías patrullan por los vecindarios y las calles de la ciudad. Dan multas y hacen arrestos. Estos trabajadores dirigen el tráfico y ayudan en las emergencias. Los oficiales de policía estudian los crímenes y dan información en la corte. Los policías también enfrentan muchos peligros durante su servicio a nuestra comunidad.

¿Cómo ayudan los carteros a nuestra comunidad?

4   Los carteros ayudan a nuestra comunidad. Entregan el correo en las casas y negocios. Algunos trabajadores hacen su recorrido caminando para entregar el correo. Otros van en carros o camiones. Los carteros también recogen las cartas y los paquetes y los llevan a la oficina de correos en donde se clasifican y se envían. Los trabajadores del correo proporcionan un servicio muy útil a nuestros ciudadanos.

¿Cómo ayudan los maestros a nuestra comunidad?

5   En nuestra comunidad hay muchos tipos de maestros. Los maestros son importantes porque ayudan a niños y adultos a aprender. Animan a los estudiantes para que trabajen con los demás. Estos trabajadores de la comunidad les enseñan a los estudiantes a pensar por sí mismos y a resolver problemas. Los maestros ayudan a los estudiantes a convertirse en mejores ciudadanos. Gracias a los maestros, todos los demás trabajadores están preparados para servir a nuestra comunidad.

¿Cómo ayudan los rescatistas a nuestra comunidad?

6   Los rescatistas son valientes y muy útiles. Estos trabajadores van corriendo a ayudar a las personas que están enfermas o lesionadas. Manejan ambulancias o se trasladan en los camiones de bomberos. Los rescatistas usan equipo especial para ayudar a los demás. Estos trabajadores llevan a las personas lesionadas al hospital. Los rescatistas están preparados, listos y dispuestos para servir a nuestra comunidad.

¡Gracias a todos los trabajadores de la comunidad!

7   La vida en nuestra ciudad sería diferente si no estuvieran estos trabajadores al servicio de la comunidad. Estos hombres y mujeres son muy necesarios. Enseñan, protegen y sirven a los ciudadanos en nuestra comunidad. Estamos agradecidos con las manos trabajadoras que ayudan a nuestra comunidad.

 motivation**reading**™NIVEL 2 ©2013–2014 mentoring**minds**.com

1 La palabra prevenir en el párrafo 2 significa —

Ⓐ ayudar

Ⓑ comprender

Ⓒ causar

Ⓓ evitar

2 En el párrafo 1, el sufijo -ario en la palabra comunitario significa —

Ⓕ muy grande

Ⓖ perteneciente a

Ⓗ falta de

Ⓙ tiempo para

3 ¿Por qué escribe esta lectura el autor?

Ⓐ Para explicar cómo los trabajadores ayudan a la comunidad

Ⓑ Para describir qué fortalece a una comunidad

Ⓒ Para identificar los trabajos peligrosos en la comunidad

Ⓓ Para convencer a las personas a mudarse a la comunidad

4 El tema del párrafo 4 es —

Ⓕ los carteros

Ⓖ los oficiales de policía

Ⓗ los bomberos

Ⓙ los maestros

5 Lee la oración del párrafo 5.

Gracias a los maestros, todos los demás trabajadores están preparados para servir a nuestra comunidad.

¿Qué quiere decir esta oración?

Ⓐ Los maestros trabajan con todos los trabajadores de la comunidad.

Ⓑ Los maestros conocen a los policías, bomberos y otros trabajadores de la comunidad.

Ⓒ Los maestros viven cerca de los trabajadores de la comunidad.

Ⓓ Los maestros enseñan las habilidades que todos los trabajadores de la comunidad necesitan.

6 ¿Cuál oración del párrafo 2 explica por qué los bomberos hacen ejercicio?

Ⓕ *Los bomberos ayudan a nuestra comunidad.*

Ⓖ *Estos trabajadores de la comunidad aprenden nuevas maneras de hacer nuestra ciudad más segura.*

Ⓗ *Los bomberos deben levantar objetos pesados y subir por escaleras muy altas.*

Ⓙ *Algunos bomberos proporcionan atención médica.*

7 El alcalde Todd usa una presentación de *PowerPoint*® porque quiere que los estudiantes —

Ⓐ practiquen habilidades computacionales

Ⓑ escuchen y vean información importante

Ⓒ busquen respuestas a preguntas

Ⓓ escriban su presentación

8 ¿Cómo comienza la mayoría de las transparencias de la presentación del alcalde Todd?

Ⓕ Con una fotografía

Ⓖ Con una respuesta

Ⓗ Con una pregunta

Ⓙ Con pies de foto

9 ¿Por qué el alcalde Todd incluye fotografías en la presentación de *PowerPoint*®?

Ⓐ Para mostrar a los trabajadores comunitarios que está describiendo

Ⓑ Para mostrar dónde viven los trabajadores comunitarios

Ⓒ Para mostrar cómo aprenden a hacer su trabajo los trabajadores comunitarios

Ⓓ Para mostrar a sus trabajadores comunitarios favoritos

10 Lee el diagrama de causa y efecto.

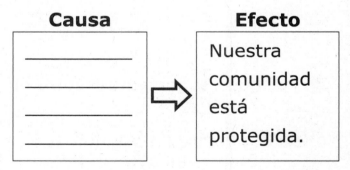

Causa	**Efecto**
_____ _____ _____ _____	Nuestra comunidad está protegida.

¿Qué opción debe ir en las líneas en blanco?

Ⓕ Los maestros ayudan a los estudiantes.

Ⓖ Los policías vigilan.

Ⓗ Los carteros reparten el correo.

Ⓙ El alcalde visita la clase.

 motivation**reading**™NIVEL 2 ©2013–2014 mentoring**minds**.com

Las manos que ayudan en nuestra comunidad

Conocimiento *i* **Recuerda**
¿Quién dio la presentación con *PowerPoint*® ante la clase de la Sra. Mann?

Comprensión *i* **Entiende**
¿Cuál es la idea principal de la lectura?

Aplicación *i* **Aplica**
Explica algunas maneras en que puedes ayudar a la comunidad.

Unidad 6 Razonamiento crítico

Usa el diagrama de Venn para anotar las similitudes y las diferencias entre el trabajo de los maestros y el de los policías.

Maestros   **Policías**

Enumera a los trabajadores de la comunidad en orden de importancia. Usa el número 1 para el trabajador más importante. Usa el 5 para el trabajador menos importante.

____ bombero   ____ oficial de policía   ____ cartero

____ maestro   ____ rescatista

Explica por qué pusiste el número 1 al trabajador que elegiste.

_____

_____

Haz un póster de agradecimiento para un trabajador de la comunidad.

motivation**reading** ™ NIVEL 2

Nombre _____

Las manos que ayudan en nuestra comunidad

Unidad 6 Pensamiento creativo

Estación de motivación

¡Motívate! Molly dice: "La idea principal de un texto es la reflexión más importante".

Tu maestro te pidió que encuentres en el diccionario el significado de cada palabra del recuadro 1. Escribe las palabras en orden alfabético en el recuadro 2.

Recuadro 1

médico
comunidad
emergencia
inspeccionar
vigilar
ambulancia
hospital
multa
vecindario
valiente

Recuadro 2

_____
_____
_____
_____
_____
_____
_____
_____
_____
_____

En un diccionario, encuentra las definiciones de la primera y la última palabra del recuadro 2 y escríbelas a continuación.

Primera palabra: _____ - _____

Última palabra: _____ - _____

Diario

Escribe una nota de agradecimiento para un maestro o una maestra.

_____
_____
_____
_____

©2013–2014 mentoringminds.com   motivationreading™ NIVEL 2   ILLEGAL TO COPY   **63**

Unidad 6 Tarea

Un motor de <u>búsqueda</u> es una guía en Internet para explorar millones de sitios y encontrar información sobre diferentes temas.

Imagina que quieres un perro. Sigue estos pasos para buscar información sobre cómo elegir el mejor perro.

1. Haz una lluvia de ideas acerca de las palabras clave: *mascota, perro, raza, familia, amigable*
2. Selecciona las mejores palabras para la búsqueda: *perros, familia*
3. En el espacio de búsqueda, escribe entre comillas las palabras "mejores perros para una familia".
4. Haz clic en el botón de "Buscar".
5. Haz clic en las palabras subrayadas.

> **MOTOR DE BÚSQUEDA**
> "mejores perros para una familia"
>
> Buscar
>
> ---
> Categorías: Mascotas Perros Razas Familia
>
> Los 10 mejores perros para las familias
> www.revistadeanimales.com/perros/familias
> ...este sitio enumera los mejores perros elegidos por las familias para...
>
> El mejor perro para las familias ocupadas
> www.preguntasfamiliares.com/perros/familias/ocupadas
> ...elegido como el perro más fácil de cuidar cuando las familias no disponen de mucho...
>
> Recomendaciones del veterinario para un buen perro familiar
> www.veterinariosdehoy.com/perros/razas/niños/familias
> ...los mejores perros para convivir con los niños...

1 ¿Para cuál paso no se necesita una computadora?

Ⓐ Paso 2

Ⓑ Paso 3

Ⓒ Paso 4

Ⓓ Paso 5

2 ¿Cuál es la idea principal de esta lectura?

Ⓕ Un motor de búsqueda se usa para hacer una lluvia de ideas de palabras clave.

Ⓖ En el espacio de búsqueda se usan palabras exactas.

Ⓗ Se ponen comillas en el espacio de búsqueda.

Ⓙ Un motor de búsqueda se usa para obtener información de la Internet.

3 ¿Qué palabra de la lectura significa lo mismo que la palabra <u>búsqueda</u>?

Ⓐ *Imagina*

Ⓑ *Sigue*

Ⓒ *explorar*

Ⓓ *quieres*

4 Selecciona un tópico. Escribe tres palabras o frases clave que usarías para hacer una búsqueda sobre ese tema.

Tema: _____

Palabras o frases clave:

_____

_____

_____

Actividades para los padres

1. Ayude a su hijo(a) a mostrar su aprecio por un trabajador de la comunidad.
2. Asistan a eventos comunitarios organizados por la biblioteca pública, el departamento de policía o de bomberos, museos locales o instituciones médicas.

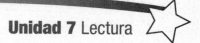
Lee la lectura y escoge la mejor respuesta para cada pregunta.

Un amigo especial

1   El último domingo de cada mes es el Día de Lectura en la biblioteca de la comunidad. En estos días especiales, la bibliotecaria nos lee libros o historias que ella escoge. La señorita Jennifer, que es la bibliotecaria, siempre nos sorprende con actividades especiales.

2   La semana pasada, al entrar junto con mi mamá a la biblioteca, escuché un sonido que se me hizo conocido. Escuché a un perro ladrando. Le apreté la mano a mi mamá y sonreí. ¡Me encantan los perros!

3   Llegué con los niños que estaban reunidos en el salón de lectura. Estábamos emocionados hablando de los ladridos que se escuchaban en la biblioteca. Todos queríamos ver al perro. En ese momento, la señorita Jennifer entró al salón. Ella comenzó a recitar este divertido poema mientras paseaba a una perrita por todo el salón.

Baila colita baila
Autor anónimo

Junto a la chimenea dormía el perrito;
Cuando una chispa saltó brillante,
Y en la pequeña cola el animalito
Sintió un dolor quemante.

5   Rápido corrió el perrito
Buscando un objeto frío
Y como no encontró hielito,
Se sentó en un balde de agua,
Se sentó en un balde de agua.

10   Y baila colita baila

Baila colita baila

El perrito mueve su cola.

4   La señorita Jennifer se hincó en el piso y dijo: "Siéntate". Su perrita inmediatamente obedeció su <u>mandato</u> y se sentó junto a la bibliotecaria.

5   "¿Cuántos de ustedes tienen un perro de mascota?", nos preguntó la señorita Jennifer. Varios niños levantaron la mano. Por mucho tiempo yo he deseado tener un perro, pero mis padres no me permiten tener uno.

6   La señorita Jennifer nos dijo: "Quiero que observen a mi perrita mientras leo otro poema".

Había una vez un perrito
Autor anónimo

Había un pequeño perro que tenía una gran cola
La movía siempre, para todos lados.
Pero cuando estaba triste y asustado,
La colita se escondía y se quedaba sola.

7   Todos nos sorprendimos. Cuando la señorita Jennifer estaba leyendo, su perrita comenzó a mover la cola. Era como si tuviera poderes mágicos sobre la perrita. Pero en lugar de eso, la señorita Jennifer nos explicó que la había entrenado para obedecer sus órdenes. Se veía que la señorita Jennifer y su perrita se querían mucho.

8   "Los perros y las personas pueden ser amigos de los niños. Mi perrita, Maggie, es mi mejor amiga. Este poema muestra la relación que tenemos mi perrita y yo", nos dijo la señorita Jennifer.

Un poema canino
Autor anónimo

Me das de comer y beber,

Y siempre cuidas mi aseo,

Me dejas dormir donde quiero,

En el lugar que deseo.

5   Me enseñaste a venir si me llamas,

Me enseñaste a que diera la pata,

Y siempre me dejas salir

A dar una caminata.

He estado contigo siempre a tu lado,

10   Pasando lo mismo risas que llantos,

Espero que vivas todavía un siglo. . .

(¡Que para mí son 700 años!)

9   La señorita Jennifer y Maggie nos mostraron más trucos. Aplaudimos cuando Maggie se dio vueltas, cuando trajo la pelota y las dos chocaron sus manos, o sea, la mano y la pata.

10   Al final del Día de Lectura nos tomamos fotos con Maggie. Nunca olvidaré este día especial en la biblioteca.

1 La persona que cuenta la historia y su mamá van a la biblioteca para —

Ⓐ regresar libros

Ⓑ sacar libros

Ⓒ asistir al Día de Lectura

Ⓓ buscar información sobre perros

2 ¿Qué significa la palabra <u>mandato</u> en el párrafo 4?

Ⓕ Control

Ⓖ Grito

Ⓗ Movimiento

Ⓙ Orden

3 ¿Qué versos de "Baila colita baila" usan repetición"?

Ⓐ Versos 6 y 8

Ⓑ Versos 8 y 9

Ⓒ Versos 2 y 3

Ⓓ Versos 11 y 12

4 Una palabra de "Baila colita baila" que rima con *brillante* es —

Ⓕ *frío*

Ⓖ *animalito*

Ⓗ *quemante*

Ⓙ *agua*

 motivation**reading**™ NIVEL 2

5 Lee el verso 4 de "Había una vez un perrito".

> *La colita se escondía y se quedaba sola.*

El poeta incluye este verso para mostrar que el perro está —

Ⓐ triste

Ⓑ escondido

Ⓒ emocionado

Ⓓ feliz

6 El ritmo del poema "Había una vez un perrito" tiene relación con —

Ⓕ qué palabras del poema terminan igual

Ⓖ cómo se lee el poema en voz alta

Ⓗ cómo está ilustrado el poema

Ⓙ qué palabras del poema se repiten

7 ¿Qué palabra de "Un poema canino" indica al lector que el perro sale a dar un paseo?

Ⓐ deseo

Ⓑ pata

Ⓒ caminata

Ⓓ siglo

8 ¿Cuál es el tema de "Un poema canino"?

Ⓕ Sé amable con los demás.

Ⓖ Los perros y las personas se necesitan unos a los otros.

Ⓗ Los perros no necesitan que las personas los cuiden.

Ⓙ Una buena obra se paga con otra buena obra.

9 ¿Qué la fotografía al lado del parrafo 10 muestra al lector acerca de la persona que cuenta la historia?

Ⓐ Es una niña.

Ⓑ Es la mamá.

Ⓒ Es Maggie.

Ⓓ Es la señorita Jennifer.

10 Los versos 5 y 6 se incluyen en "Un poema canino" para mostrar que —

Ⓕ el perro está entrenado

Ⓖ el perro está durmiendo

Ⓗ el perro está jugando

Ⓙ el perro tiene hambre

Un amigo especial

¿Cómo se llama la perrita de la señorita Jennifer?

_____

Resume con tus propias palabras "Había una vez un perrito".

_____

_____

_____

_____

Un perro puede ser tu amigo. ¿Quién es tu mejor amigo?

_____

Explica tu respuesta. _____

_____

_____

_____

_____

¿En qué se parecen "Un poema canino" y "Baila colita baila"?

_____

_____

_____

¿Qué poema de esta lectura es tu favorito?

_____

Explica por qué escogiste ese poema. _____

_____

_____

Escribe un acróstico usando palabras y frases que describan a un perrito.

P _____

E _____

R _____

R _____

I _____

T _____

O _____

motivation**reading**™NIVEL 2

¡Motívate! Mike dice: "Un poeta crea imágenes mentales usando palabras de una manera especial".

Estación de motivación

Completa la tabla usando palabras de la lectura.

Palabras de una sílaba	Palabras de dos sílabas	Palabras de tres sílabas	Palabras de cuatro sílabas
1.	1.	1.	1.
2.	2.	2.	2.
3.	3.	3.	3.
4.	4.	4.	4.
5.	5.	5.	5.

Diario

¿Cuál es tu animal favorito? _____

¿Te gustaría tener a este animal como mascota? _____

Explica tu respuesta. _____

_____

_____

_____

_____

_____

Lassie es una perrita famosa. El primer cuento acerca de Lassie se escribió en 1938. A los lectores les gustó este cuento. Querían leer más cuentos acerca de esta perrita. El autor escribió un libro de cuentos de Lassie. Se hicieron películas de cine y programas de televisión sobre esta perrita tan querida. A través de los años, diez perros han actuado en el papel de Lassie. Los perros que actuaron como Lassie se tenían que ver igual. Esta famosa raza de perros se llama collie. Su pelaje es café y blanco. El cuello de Lassie es blanco. Sus patas también son blancas. Tiene una marca blanca en su nariz. Lassie es muy querida porque es leal, valiente e inteligente. También <u>protege</u> a su familia. A cualquier persona le gustaría tener una perrita como Lassie.

1 ¿Qué significa la palabra <u>protege</u> como se usa en el párrafo?

Ⓐ Quiere

Ⓑ Cuida

Ⓒ Juega

Ⓓ Camina

2 ¿Por qué escribe este párrafo el autor?

Ⓕ Para describir a los perros collie

Ⓖ Para entretener al lector

Ⓗ Para comenzar un club de admiradores de Lassie

Ⓙ Para dar información acerca de una perrita famosa

3 ¿Cuál es la idea principal del párrafo?

Ⓐ Hay un libro famoso acerca de una perrita llamada Lassie.

Ⓑ Hay muchos cuentos, una película y un programa de televisión acerca de una perrita famosa llamada Lassie.

Ⓒ Lassie era valiente.

Ⓓ Hay un programa de televisión acerca de una perrita llamada Lassie.

4 Menciona a otros animales famosos que salen en películas o programas de televisión.

_____

_____

_____

Actividades para los padres

1. Investiguen en Internet sobre las razas de perros. Hagan una tabla de sus razas favoritas y sus características.

2. Ayude a su hijo(a) a hacer una encuesta entre sus amigos y familiares acerca sus mascotas. Organicen la información en una gráfica.

Lee la lectura y escoge la mejor respuesta para cada pregunta.

Durante unas vacaciones en Austin, Texas, la familia de Lin hizo un tour por el Capitolio de Texas.

Un *tour* por el Capitolio

1   Buenos días. Me llamo Nikki. Seré su guía el día de hoy. Parece que todos estamos listos, así que comencemos nuestro *tour* por el Capitolio.

El Capitolio de Texas

2   En este momento estamos parados sobre los jardines del lado sur del Capitolio del estado de Texas. Estos veintidós acres de terreno están en pleno corazón de Austin. Para empezar, les voy a contar un poco sobre la historia del Capitolio.

3   En 1881, un incendio destruyó el Capitolio de Texas que estaba ubicado en la Plaza del Capitolio. Se convocó a un concurso para seleccionar un diseño para el nuevo Capitolio. Ocho personas participaron en el concurso. El proyecto ganador se usó para construir este Capitolio sobre la Avenida *Congress*.

4   La construcción del edificio comenzó en 1882. Se donó granito rojo de Marble Falls, Texas. Van a ver el granito en la parte externa del edificio. La construcción del edificio del Capitolio se terminó en 1888.

El Gran Sendero

5   Estamos comenzando nuestro paseo por el camino de quinientos pies conocido como el Gran Sendero. Por aquí llegamos de la Avenida *Congress* a la puerta frontal del Capitolio. Escuchen el canto de los pájaros carboneros y los sonidos de las ardillas. Estos pastos son muy populares durante los días de campo de las familias. Vean las estatuas y los monumentos. Nos traen a la memoria personas y eventos importantes de la historia de Texas.

El Gran Sendero

6   Uno de los primeros monumentos construidos a lo largo del Gran Sendero fue el de "Los Héroes del Álamo". Esta estructura de granito rosado se colocó aquí en 1891. Arriba pueden ver la estatua de bronce de un soldado. En las columnas están escritos los nombres de los hombres que lucharon y murieron en el Álamo.

Monumento a los héroes del Álamo

7   Observen la estatua sobre la cúpula del Capitolio. "La Diosa de la Libertad" mide quince pies con siete pulgadas y media de altura. Esta estatua de aluminio hace que el Capitolio de Texas sea más alto que el Capitolio de

motivation**reading** NIVEL 2

Estados Unidos. Pueden ver que "La Diosa de la Libertad" sostiene una espada en su mano derecha. Con la mano izquierda está levantando una estrella hacia el cielo.

La Diosa de la Libertad

El Vestíbulo Sur

8   Ahora estamos entrando al Capitolio a través del Vestíbulo Sur. Este salón tiene estatuas de tamaño natural de dos héroes de Texas. Una estatua es de Sam Houston. Houston fue presidente de la República de Texas. También fue el primer gobernador electo en el estado de Texas. La otra estatua es de Stephen F. Austin. A Austin se le reconoce como el "Padre de Texas". Ambos personajes son importantes en la historia de Texas.

La Rotonda

9   A través de la entrada pasamos a la Rotonda del Capitolio. Todas las secciones del Capitolio se conectan con esta sala. La Rotonda podría ser la sala más sorprendente de todo el Capitolio. En las paredes se pueden ver pinturas de los anteriores gobernadores y presidentes de Texas. Muy por encima del piso de la Rotonda está la Cúpula del Capitolio. Si aplaudimos, podremos escuchar el eco que viene de la Cúpula. Observen la estrella en el centro de la Cúpula. Vean el piso. El azulejo muestra los escudos de las seis naciones que han gobernado en Texas. Los escudos son símbolos de la historia de Texas.

La Rotonda

La Cámara de Senadores

10   Síganme a la segunda planta, en donde se encuentra la Cámara de Senadores. En esta sala se reúnen los senadores para hacer leyes. Observen el techo de la cámara. Observen los picos de la estrella en la lámpara. En los picos está escrita la palabra *Texas*.

La Cámara de Representantes.

11   Avancen hacia esta área para entrar a la Cámara de Representantes. Los representantes del estado de Texas se reúnen aquí para hacer leyes. Las pinturas que ven muestran eventos importantes en la historia de Texas. Durante las reuniones, hay una bandera de la Batalla de San Jacinto dentro de esta cámara.

La extensión del Capitolio

12   Nuestra última parada es aquí en la parte más reciente del Capitolio. La extensión del Capitolio es una construcción subterránea. El área tiene cuatro pisos de profundidad y tiene una tienda de regalos y salas de juntas. Pueden ver la Cúpula del Capitolio a través de los tragaluces de esta extensión.

La extensión del Capitolio

13   Hemos llegado al final de nuestro *tour*. Gracias por visitar el Capitolio de Texas. Este edificio de granito rojo es un símbolo del pasado, el presente y el futuro del gran estado de Texas.

1 El autor escribe esta lectura para —

Ⓐ describir el Capitolio del Estado de Texas

Ⓑ explicar cómo se convirtió Texas en estado

Ⓒ identificar lugares para visitar en Texas

Ⓓ destacar a texanos famosos

2 ¿Cuál es el tema del párrafo 4?

Ⓕ La ubicación del Capitolio

Ⓖ Cómo se destruyó el Capitolio

Ⓗ La construcción del Capitolio

Ⓙ Quiénes trabajan en el Capitolio

3 El lector puede decir que el Álamo es importante en la historia de Texas porque —

Ⓐ la Cúpula del Capitolio se eleva por encima del Álamo

Ⓑ hay una estatua de Stephen F. Austin en el Vestíbulo Sur

Ⓒ en el Gran Sendero hay un monumento en honor a la Batalla del Álamo

Ⓓ en la Cámara de Representantes hay una bandera de la Batalla del Álamo

4 ¿Qué causó que se tuviera que construir otro edificio del Capitolio en el estado de Texas?

Ⓕ El antiguo Capitolio era muy pequeño.

Ⓖ El antiguo Capitolio se quemó.

Ⓗ El estado de Texas organizó un concurso de diseño.

Ⓙ Los senadores de Texas necesitaban un lugar para reunirse.

5 El autor usa subtítulos en letras negritas para —

Ⓐ identificar fechas importantes de la historia de Texas

Ⓑ destacar diferentes áreas del Capitolio de Texas

Ⓒ reconocer a los héroes de Texas

Ⓓ mostrar diferentes partes de Austin, Texas

6 Las fotografías incluidas en la lectura muestran —

Ⓕ los lugares del Capitolio donde se hacen las leyes

Ⓖ la construcción del Capitolio

Ⓗ la historia del Capitolio

Ⓙ las partes importantes del Capitolio

7 ¿Qué palabra del párrafo 8 tiene el mismo significado que la palabra Vestíbulo?

Ⓐ *Capitolio*

Ⓑ *estatua*

Ⓒ *historia*

Ⓓ *salón*

8 La fotografía junto al párrafo 6 ayuda al lector a comprender el significado de la palabra —

Ⓕ *hombres*

Ⓖ *Capitolio*

Ⓗ *monumento*

Ⓙ *edificio*

9 La lámpara con la estrella con picos está localizada en —

Ⓐ la Cámara de Representantes

Ⓑ la Rotonda

Ⓒ la Cámara del Senado

Ⓓ el Vestíbulo Sur

10 ¿Cuál sección de la lectura describe el lugar donde comienza el *tour*?

Ⓕ **El Gran Sendero**

Ⓖ **La extensión del Capitolio**

Ⓗ **El Vestíbulo Sur**

Ⓙ **La Rotonda**

motivation**reading**™ NIVEL 2

Un *tour* por el Capitolio

Completa esta oración.

El Capitolio del estado de Texas se localiza en

_____, _____.

Resume con tus propias palabras la información del párrafo 7.

_____

_____

_____

_____

Da un ejemplo de alguna vez en que participaste en un concurso.

_____

_____

_____

_____

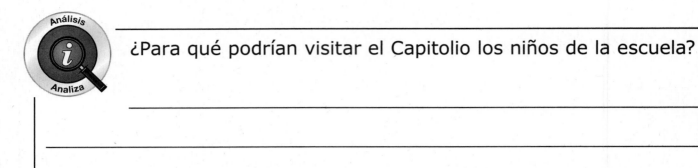

¿Para qué podrían visitar el Capitolio los niños de la escuela?

_____

_____

_____

_____

¿Cuál es tu parte favorita del Capitolio de Texas? ¿Por qué?

_____

_____

_____

_____

Haz un anuncio panorámico acerca del Capitolio de Texas que incluya dibujos y palabras.

motivation**reading**™NIVEL 2

©2013–2014 mentoring**minds**.com

¡Motívate! Molly dice: "Una fotografía es una imagen que se ve exactamente igual que un objeto".

Estación de motivación

Lee la clave del mapa. Sigue las instrucciones para completar el dibujo.

Clave del mapa
① — La Rotonda
② — El Gran Sendero
③ — Monumento a los Héroes del Álamo
④ — La Diosa de la Libertad
⑤ — El Vestíbulo Sur
⑥ — La Extensión del Capitolio
⑦ — La Cámara del Senado
⑧ — La Cámara de Representantes

- Pinta el Gran Sendero de color verde.
- Pinta la Rotonda del Capitolio de color rojo.
- Pinta el Monumento a los Héroes del Álamo de color amarillo.
- Pinta la Extensión del Capitolio de color azul.
- Pinta la Cámara de Representantes de color morado.
- Pinta la Cámara del Senado de color naranja.
- Pinta el Vestíbulo Sur de color café.

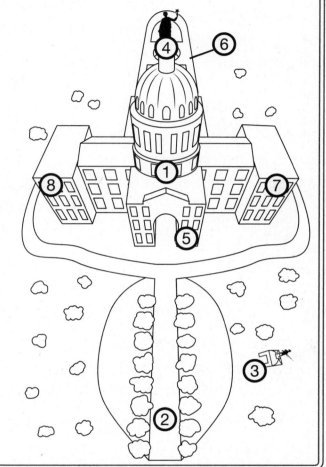

Diario

Imagínate que eres el guía de un *tour* por tu escuela. Escribe una lista de los lugares y las cosas que enseñarías a los visitantes.

_____

_____

_____

_____

Unidad 8 Tarea

Los senadores y representantes de Texas trabajan en el Capitolio estatal. Hacen leyes para la gente de Texas. Observa cuidadosamente la tabla para aprender más acerca de estos legisladores.

Legisladores	Número de miembros	Años de servicio	Lugar de reunión	Trabajo
Senadores	31	4	La Cámara de Senadores	hacer leyes
Representantes	150	2	La Cámara de Representantes	hacer leyes

1 Cuántos miembros hay en la Cámara de Senadores de Texas

Ⓐ 31

Ⓑ 150

Ⓒ 4

Ⓓ 2

2 ¿Qué tienen en común la Cámara de Senadores y la Cámara de Representantes?

Ⓕ Las dos son salones en donde viven los legisladores.

Ⓖ Las dos son salones en donde se reúnen los representantes.

Ⓗ Las dos son salones en donde se reúnen los senadores.

Ⓙ Las dos son salones en donde se hacen leyes.

3 ¿Qué tienen en común los senadores y los representantes?

Ⓐ **Número de miembros**

Ⓑ **Años de servicio**

Ⓒ **Trabajo**

Ⓓ **Lugar de Reunión**

4 ¿Preferirías ser senador o representante de Texas? Explica tu razonamiento.

_____

_____

_____

_____

_____

✂ -

Actividades para los padres

1. Usen la Internet para identificar lugares importantes de Texas. Localicen los lugares en un mapa de Texas.

2. Use fuentes digitales o impresas para ayudar a su hijo(a) a comprender cómo se hacen las leyes.

3. Pida a su hijo(a) que dibuje un bosquejo para un nuevo diseño del Capitolio.

 motivation**reading**™NIVEL 2

Lee la lectura y escoge la mejor respuesta para cada pregunta.

El mejor juego de todos

1   Hoy fue el último juego de baloncesto del año. Jugamos contra las Panteras. Ellos se conocen por ser un equipo fuerte, pero esa no era la razón por la que yo estaba nervioso. Estaba nervioso porque mi primo Gavin juega con las Panteras. A veces, cuando juega mejor que yo, se burla de mí.

2   Mientras mi equipo se preparaba en los vestidores, comencé a preocuparme por el juego. Tenía miedo de cometer algún error y que mi primo se riera de mí.

3   Mi entrenador entró a los vestidores y dijo: "Equipo, este va a ser un juego muy difícil. Hoy tenemos que jugar con inteligencia".

4   Mi equipo formó un círculo y todos juntos coreamos: "¡Gatos Monteses, Gatos Monteses! ¡Juguemos duro, juguemos fuerte!" Salimos corriendo de los vestidores y comenzamos a tirar canastas para <u>calentar</u>. Mientras esperaba mi turno, vi a mi primo al otro lado de la cancha. Mi primo encestaba todos los tiros que hacía. Se me hizo un nudo en el estómago.

5   Finalmente llegó mi turno de hacer algunos tiros de calentamiento.

Cada bola que lancé fue directamente a la canasta. Me sentí mejor. Ahora, estaba listo para que comenzara el juego.

6   El árbitro sonó su silbato. Los equipos se agruparon alrededor de los entrenadores para escuchar qué jugadores serían los primeros en estar sobre la duela. Tuve suerte de comenzar en la posición de poste derecho bajo la canasta. Mi trabajo era tirar a la canasta cuando me pasaran el balón. También estaría ahí para atrapar los rebotes y lanzarles pases a mis compañeros.

7   El entrenador nos asignó a cada uno un jugador de las Panteras para marcarlo. Dijo: "Eric, tú te encargarás del número 24". ¡Entre todos los jugadores, me tocó marcar a mi primo!

8   El juego comenzó. Me sentía seguro y estaba jugando bien. De pronto, me pasaron el balón. Di vuelta y vi que estaba desmarcado con el camino libre hacia la canasta. Comencé a botar el balón acercándome a la canasta. Escuché el zumbido del balón al entrar en la red. ¡Fue un tiro perfecto! Con una sonrisa de oreja a oreja, levanté la cabeza y vi que todos estaban de pie mirándome. Mi primo se caía de la risa. Sentí que se me revolvía el estómago. Entonces me di cuenta de había anotado en mi propia canasta.

9   Mi entrenador pidió tiempo. Llamó a nuestro equipo y dijo tranquilamente: "Eric, lo que pasó, pasó. Ya no mires hacia atrás. Necesitamos que estés concentrado en lo que resta del partido".

10   Estaba avergonzado, pero sabía que estaba en deuda con mi equipo. Escuché el sonido que indicaba la reanudación del juego. No pasó mucho tiempo para que todos olvidaran que había anotado

puntos para el equipo contrario. Ahora, estaba anotando puntos para nuestro equipo.

11   El partido casi terminaba y el marcador estaba empatado. Mi primo tenía el balón. Yo lo estaba marcando mientras botaba el balón hacia la canasta. De pronto, le robé el balón de las manos y comencé a avanzar botando la bola. Tiré la pelota y encesté justo cuando se paró el reloj para finalizar el partido. La multitud se puso de pie y celebró emocionada. Todo mi equipo corría por la cancha.

12   Me encontré con mi primo en la cancha. Me dijo: "¡Buen tiro! ¡Qué manera de terminar el partido!"

13   Nos dimos la mano como buenos deportistas y salimos juntos del gimnasio. El nudo que sentía en el estómago se convirtió en una sensación de alivio.

1 ¿Por qué la persona que cuenta la historia está nerviosa?

Ⓐ Es el último juego de la temporada.

Ⓑ Está jugando en contra de un equipo fuerte.

Ⓒ Está jugando en contra del equipo de su primo.

Ⓓ No sabe jugar este deporte.

2 Lee esta oración del párrafo 4 de la historia.

> *Salimos corriendo de los vestidores y comenzamos a tirar canastas para <u>calentar</u>.*

En la oración, la palabra <u>calentar</u> significa —

Ⓕ tallarse las manos

Ⓖ estirar los músculos

Ⓗ ponerse ropa gruesa

Ⓙ quemar un objeto

3 Lee esta oración del párrafo 6 de la historia.

> *Los equipos se agruparon alrededor de los entrenadores para escuchar qué jugadores serían los primeros en estar sobre la duela.*

¿Qué significan las palabras "estar sobre la duela"?

Ⓐ Levantarse para hablar con el equipo

Ⓑ Entrar a la cancha de baloncesto

Ⓒ Tirar la bola desde la banda lateral

Ⓓ Esperar en la banca hasta que te toque jugar

4 ¿Quién es el jugador número 24 de las Panteras?

Ⓕ Eric

Ⓖ El hermano de Eric

Ⓗ El primo de Eric

Ⓙ El mejor amigo de Eric

motivation**reading**™ NIVEL 2

5 ¿Qué pasa después de que Eric encesta en su propia canasta?

Ⓐ El equipo de Eric pierde el juego.

Ⓑ Eric camina y sale de la cancha.

Ⓒ El entrenador de Eric lo saca del partido.

Ⓓ El entrenador de Eric lo anima a que olvide el error.

6 ¿Qué lección puede aprender el lector de esta historia?

Ⓕ Aléjate cuando estás enojado.

Ⓖ Date por vencido si te sientes avergonzado.

Ⓗ Ignora al otro equipo si ganas.

Ⓙ Sigue intentando aunque estés desanimado.

7 ¿En dónde está el equipo de Eric cuando gritan una porra?

Ⓐ En los vestidores

Ⓑ En la cancha

Ⓒ En el salón

Ⓓ En el gimnasio

8 Las fotografías en la historia muestran —

Ⓕ a miembros de los Gatos Monteses

Ⓖ a los equipos jugando el partido

Ⓗ a miembros de las Panteras

Ⓙ el lugar donde ocurrió el partido

9 ¿Qué palabras describen mejor cómo se siente Eric después de encestar todos los tiros durante el calentamiento?

Ⓐ Inseguro de sus habilidades

Ⓑ Seguro de sus habilidades

Ⓒ Temeroso de perder el juego

Ⓓ Preocupado por su primo

10 ¿Qué pasa al mismo tiempo que se para el reloj al final del partido?

Ⓕ El entrenador pide tiempo.

Ⓖ Eric anota una canasta.

Ⓗ Gavin anota una canasta.

Ⓙ Los miembros de los equipos se dan la mano.

El mejor juego de todos

¿Cómo se llaman los dos equipos de basquetbol en "El mejor juego de todos"?

1. _____

2. _____

¿Qué quiere decir Eric cuando dice: "Se me hizo un nudo en el estómago"?

_____

_____

_____

_____

Da un ejemplo de una persona que conoces o sobre la que has leído, que sea como Gavin, el primo de Eric.

_____

_____

_____

_____

Unidad 9 Razonamiento crítico

Usa la tabla T para comparar a un buen deportista con un mal deportista.

Buen deportista	Mal deportista

Después de que Eric encestó en su propia canasta, su entrenador pidió tiempo. ¿Piensas que fue una buena idea o una mala idea que el entrenador de los Gatos Monteses pidiera tiempo?

Encierra en un círculo tu respuesta.

Buena idea   **Mala idea**

Explica tu razonamiento. _____

_____

_____

Escribe un final distinto para la historia en el que las Panteras ganan.

_____

_____

_____

_____

motivation**reading** NIVEL 2

¡Motívate! Mike dice: "El personaje principal es la persona, animal o cosa más importante de la historia".

Estación de motivación

Un acróstico es un poema o una serie de renglones en donde la primera letra de la primera palabra en cada renglón comienza una palabra o frase acerca de un tema. Completa el acróstico para describir lo que significa ser un ganador.

G _____

A _____

N _____

A _____

D _____

O _____

R _____

Diario

Escribe acerca de alguna vez en que estabas nervioso por algún evento.

_____

_____

_____

_____

_____

Los *Harlem Globetrotters* son un equipo de basquetbol que recorre muchos lugares. Hacen payasadas jugando basquetbol. Este equipo de jugadores afroamericanos se formó en la década de 1920. El equipo se llama así en honor a Harlem, un vecindario de la Ciudad de Nueva York. Escogieron el nombre de *Globetrotters* porque el equipo quería viajar por el mundo. El primer equipo solo tenía cinco jugadores. El dinero que ganaban apenas les alcanzaba para comer. Muchas noches las pasaron durmiendo en un carro. Algunas veces, los cinco jugadores se cansaban durante el partido. Hacían divertidas <u>rutinas</u> con el balón para que los demás jugadores descansaran. Cuando un jugador estaba haciendo algún truco especial, los otros podían descansar. Los trucos hacían que las multitudes se emocionaran. Hoy en día, los *Harlem Globetrotters* viajan por todo el mundo y asombran a sus fanáticos.

1 ¿Qué significa la palabra <u>rutinas</u> en el párrafo?

Ⓐ Ejercicios aburridos

Ⓑ Movimientos o acciones

Ⓒ Juegos ordinarios

Ⓓ Recesos regulares

2 ¿Por qué dormían en un carro los *Harlem Globetrotters*?

Ⓕ El carro era cómodo.

Ⓖ No había hoteles en los alrededores.

Ⓗ Salían temprano cada mañana.

Ⓙ No tenían mucho dinero.

3 ¿De qué trata el párrafo?

Ⓐ Los *Harlem Globetrotters* se formaron en la década de 1920.

Ⓑ Los *Harlem Globetrotters* son payasos que hacen trucos con pelotas de basquetbol.

Ⓒ Los *Harlem Globetrotters* son un equipo de basquetbol que hace trucos.

Ⓓ Los *Harlem Globetrotters* viajan por todo el mundo cada año.

4 Inventa un nombre nuevo para los *Harlem Globetrotters*.

_____

✂ -

Actividades para los padres

1. Discutan lo que significa mostrar un buen espíritu deportivo cuando se gana y cuando se pierde.

2. Asista a un evento deportivo con su hijo(a). Comenten si los atletas demuestran un espíritu deportivo.

 motivation**reading**™NIVEL 2

Lee la lectura y escoge la mejor respuesta para cada pregunta.

Notas de la Tierra

Agosto	Vol. 2, número 8

El mar de Estados Unidos
por Meri Ann Brown, redactora

1 El Golfo de México es una masa de agua grande. Sus aguas llegan a las costas de Texas y de cuatro estados más. A lo largo de la costa del Golfo hay playas arenosas.

Historia

2 Los indígenas norteamericanos se establecieron en la costa del Golfo de México. Estos indígenas pescaban en las aguas del Golfo. Construyeron casas en la costa. Después, exploradores de España y Francia reclamaron que la costa les pertenecía. Poco después, estas tierras eran de México. La costa del Golfo se hizo parte Texas en 1845.

Turismo

3 La costa del Golfo es un área para vacacionar muy popular. El agua tibia y el cielo soleado son ideales para los paseos familiares. Las personas disfrutan nadando en las aguas del Golfo y recogen conchas en sus playas de arena. Cerca del Golfo se encuentran lugares importantes. El barco acorazado "Texas" y el Monumento a San Jacinto dan a los visitantes la oportunidad de aprender más acerca de la historia de Texas. El turismo en la costa del Golfo es un negocio importante en Texas.

Página 2

Una familia disfruta un día soleado.

Formaciones naturales

4   El Golfo de México es la novena masa de agua más grande del mundo. El agua a la orilla de sus playas es poco profunda. Alejándose de la orilla, el agua puede tener hasta tres millas de profundidad. Las aguas del Golfo están llenas de vida marina y arrecifes de coral. Las dunas de arena favorecen la formación de playas. Los pastos marinos evitan que la arena de la costa se desplace hacia las profundidades. Sobre las playas se pueden encontrar conchas de animales marinos.

Hay petróleo y gas en los mantos subterráneos frente a la costa de Texas. En el Golfo de México hay más camarones y ostras que en cualquier otro océano.

Dunas de arena en la playa

Contaminación

5   Las aguas de la costa del Golfo algunas veces están contaminadas. A veces se derrama petróleo y gas en el agua del Golfo. Estos derrames eliminan el oxígeno del agua. Los animales marinos necesitan oxígeno para vivir. En el Golfo se vierten desechos que destruyen la vida marina. La basura en el agua contamina las playas.

Página 3

Huracanes

6 Los huracanes son tormentas poderosas. Estas tormentas se forman en las aguas del Golfo de México. Los reporteros que anuncian el pronóstico del tiempo advierten a las personas cuando los huracanes están avanzando hacia la costa. Las personas evacúan sus casas y van a lugares seguros. Cuando llegan los huracanes, hay vientos y lluvias muy fuertes que causan daños a las casas y edificios.

Vida silvestre y vida marina

7 El Golfo de México es la casa de plantas y animales marinos. En sus aguas viven peces, tiburones y tortugas. Algunas aves construyen nidos y pasan los inviernos en sus costas. Las tortugas ponen sus huevos en las playas de arena.

Tortuga marina

8 Al Golfo de México se le conoce como "el mar de Estados Unidos". Personas de todas partes de Estados Unidos toman unas vacaciones en las arenas de las playas de Texas. El Golfo de México brinda a sus visitantes diversión bajo el Sol. Texas se enorgullece por tener este tesoro en la costa.

1 La autora usa subtítulos escritos con letras negritas para —

Ⓐ describir unas vacaciones en la costa

Ⓑ identificar palabras importantes

Ⓒ explicar por qué es peligroso vivir por la costa

Ⓓ mostrar qué información hay en cada sección

2 ¿De qué trata principalmente el párrafo 2?

Ⓕ Los indígenas norteamericanos

Ⓖ La historia de Texas

Ⓗ Los exploradores de España y Francia

Ⓙ La historia del Golfo de México y su costa

3 ¿Qué palabra en el párrafo 2 ayuda al lector a conocer el significado de la palabra reclamaron?

Ⓐ *pertenecía*

Ⓑ *Construyeron*

Ⓒ *hizo*

Ⓓ *pescaban*

4 ¿Por qué los reporteros que anuncian el pronóstico del tiempo advierten a las personas que evacúen la costa antes de un huracán?

Ⓕ Para proteger las playas

Ⓖ Para evitar que se destruyan las casas

Ⓗ Para proteger a las personas

Ⓙ Para motivar a las personas a viajar

motivation**reading**™ NIVEL 2

5 ¿Cuál oración de la lectura muestra que hay aguas profundas en el Golfo de México?

Ⓐ *El Golfo de México es la novena masa de agua más grande del mundo.*

Ⓑ *Alejándose de la orilla, el agua puede tener hasta tres millas de profundidad.*

Ⓒ *El agua a la orilla de sus playas es poco profunda.*

Ⓓ *Las aguas del Golfo están llenas de vida marina y arrecifes de coral.*

6 ¿Por qué la autora escribe esta lectura?

Ⓕ Para explicar cómo pescar camarones

Ⓖ Para describir unas vacaciones familiares

Ⓗ Para dar información acerca del Golfo de México

Ⓙ Para animar a los turistas a que visiten el barco acorazado "Texas"

7 ¿Cuáles palabras en el párrafo 4 tienen significados opuestos?

Ⓐ *masa, mundo*

Ⓑ *camarones, ostras*

Ⓒ *favorecen, evitan*

Ⓓ *pastos, mantos*

8 ¿Cuál oración apoya mejor la idea de que el Golfo de México cubre un área grande?

Ⓕ *En el Golfo de México hay más camarones y ostras que en cualquier otro océano.*

Ⓖ *Sus aguas llegan a las costas de Texas y de cuatro estados más.*

Ⓗ *El Golfo de México es la casa de plantas y animales marinos.*

Ⓙ *Al Golfo de México se le conoce como "el mar de Estados Unidos".*

9 Lee el diagrama de causa y efecto.

Causa		**Efecto**

A veces se derrama petróleo y gas en el agua del Golfo. → _____ _____ _____ _____

¿Cuál oración de la lectura debe ir en las líneas en blanco?

Ⓐ *Estos derrames eliminan el oxígeno del agua.*

Ⓑ *Los animales marinos necesitan oxígeno para vivir.*

Ⓒ *Las dunas de arena favorecen la formación de playas.*

Ⓓ *Hay petróleo y gas en los mantos subterráneos frente a la costa de Texas.*

10 ¿Qué características del texto se usan para explicar las fotografías en la lectura?

Ⓕ Pies de foto

Ⓖ Subtítulos

Ⓗ Títulos

Ⓙ Palabras subrayadas

 motivation**reading**™NIVEL 2

El mar de Estados Unidos

Completa esta oración.

El Golfo de México es una gran masa de _____.

Escribe un resumen del párrafo 3.

_____

_____

_____

_____

Escribe acerca de unas vacaciones familiares.

_____

_____

_____

_____

_____

_____

Unidad 10 Razonamiento crítico

¿Qué piensas que podría ocurrir si las personas no recibieran advertencias acerca de los huracanes?

_____

_____

_____

_____

En tu opinión, ¿cuál desastre causa mayor daño?

Encierra en un círculo tu respuesta.

Huracán   **Derrame de petróleo**

Explica tu respuesta. _____

_____

Dibuja un castillo de arena que podrías construir en unas vacaciones en la playa.

motivation**reading**™NIVEL 2

¡Motívate! Molly dice: "Las características del texto ayudan a los lectores a comprender la información de los textos".

Estación de motivación

Crea y dibuja un animal marino imaginario que tenga más de dos brazos.

Ponle nombre al animal. _____

Escribe un problema matemático acerca del animal que creaste.

_____

_____

Diario

Escribe acerca de alguna actividad que pudieras disfrutar en una visita al Golfo de México.

_____

_____

_____

_____

_____

Unidad 10 Tarea

Los arrecifes de coral son como ciudades submarinas. Son el hogar de seres marinos de todo tipo. En este ecosistema viven plantas y animales. Las plantas del coral proveen alimento a los animales y también dan color a los arrecifes. Cuando los animales del arrecife mueren, sus esqueletos permanecen en el coral. Los arrecifes de coral se forman en aguas tibias. Son las formaciones vivientes más grandes del planeta. Frente a las costas del Golfo en Texas hay tres arrecifes. Los arrecifes protegen la costa. Es nuestra responsabilidad cuidar los arrecifes de coral.

1 ¿Por qué dice el párrafo que los arrecifes de coral son como ciudades submarinas?

Ⓐ Los construyen personas.

Ⓑ Proveen alimento y refugio a seres vivos.

Ⓒ Las personas los visitan durante las vacaciones.

Ⓓ Forman el Golfo de México.

2 Después de leer el párrafo, el lector puede decir que las aguas del Golfo de México son —

Ⓕ frías

Ⓖ profundas

Ⓗ tibias

Ⓙ poco profundas

3 ¿Por qué escribe este párrafo el autor?

Ⓐ Para dar información acerca del Golfo de México

Ⓑ Para describir la costa del Golfo

Ⓒ Para entretener al lector con una historia interesante

Ⓓ Para dar información acerca de un tipo de ecosistema

4 Escribe dos datos reales que encuentres en el párrafo acerca de los arrecifes de corral.

_____

_____

_____

_____

✂ -

Actividades para los padres

1. Ayude a su hijo(a) a usar fuentes digitales o impresas para encontrar fotografías de diferentes tipos de arrecifes.

2. Ayude a su hijo(a) a usar un mapa de Texas para localizar el Golfo de México y la costa de Texas. Guíe a su hijo(a) a determinar la ruta entre su ciudad y una ciudad de la costa de Texas.

3. Ayude a su hijo(a) a hacer dibujos de arrecifes de coral.

 motivation**reading**™NIVEL 2

Lee la lectura y escoge la mejor respuesta para cada pregunta.

Una gran idea

1   —¡Oh, cielos! —dijo Kay—. No puedo creer que ese niño esté tan desesperado. Él quiere ese dulce. Estoy segura de que su madre quisiera no haberlo traído al supermercado.

2   La mamá de Kay agregó: —Estás en lo cierto, Kay. Cada vez grita más fuerte. Parece que su madre quisiera irse y dejar sus compras.

3   —Mamá, espero que yo no me haya portado así cuando era pequeña. Recuerdo que te pedía el cereal que veía en los comerciales de televisión. ¿Te acuerdas de eso? —preguntó Kay.

4   La mamá se rio y dijo: —Sí me acuerdo. Te gustaban mucho los comerciales que ponían en las caricaturas. Los actuabas y hasta cantabas las canciones. Y luego me suplicabas que te comprara los juguetes o las golosinas.

5   Kay dijo en voz baja: —Yo sé. Me da pena haber hecho eso. Ahora comprendo. Gracias por enseñarme a tomar siempre decisiones <u>saludables</u>.

6   —No tienes que agradecerme, Kay. Esos comerciales de televisión pueden hacerte querer cosas. Algunas veces, esas cosas no son lo mejor para ti —dijo la mamá.

7   —Estoy segura de que ese <u>pequeño</u> niño ve televisión. Debe de haber visto un comercial de ese dulce que quiere. Es posible que el niño no sepa cuánta azúcar tiene ese dulce. Cuando esté más grande, entenderá —dijo Kay.

8   —Los niños nunca son demasiado pequeños para aprender a tomar buenas decisiones —dijo la mamá—. A ti te hablamos de los buenos hábitos alimenticios cuando apenas estabas en edad preescolar.

9   —Mamá, también me enseñaste a hacer ejercicio todos los días. Algunos de mis amigos se la pasan todo el día pegados a una pantalla. Ven televisión, juegan videojuegos o están en la computadora —dijo Kay.

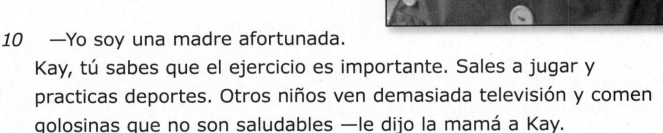

10   —Yo soy una madre afortunada. Kay, tú sabes que el ejercicio es importante. Sales a jugar y practicas deportes. Otros niños ven demasiada televisión y comen golosinas que no son saludables —le dijo la mamá a Kay.

11   —Ese niño me acaba de dar una gran idea para el tema de mi reporte escolar. Voy a escribir acerca de la comida chatarra —dijo Kay—. ¡Qué bueno que vine a la tienda contigo!

 motivation**reading**™ NIVEL 2 ©2013–2014 mentoring**minds**.com

12   De regreso en casa, Kay se sentó frente a su computadora. Luego tecleó las palabras claves para su búsqueda.

Buscar: | Comida chatarra para niños

Aproximadamente 841,000 resultados

Datos acerca de la comida chatarra para niños
Conozca más acerca de la comida chatarra.

Lista de comida chatarra para niños
Vea esta lista de la comida chatarra más popular.

La peor comida chatarra para niños
Descubra la nueva comida que no es saludable y que pronto estará en las tiendas.

Comerciales de televisión que anuncian comida chatarra para niños
Vea los videos publicitarios de comida chatarra para niños.

---

13   Kay encontró en Internet la información que necesitaba para su reporte. Pensó: "Quizá también puedo usar lo que mi mamá me enseñó acerca de los comerciales de televisión".

14   Kay estaba muy entusiasmada. Quería ayudar a sus compañeros a aprender cómo tomar decisiones saludables a la hora de comer.

1 ¿Cuál es el significado del sufijo *-able* en la palabra <u>saludable</u> en el párrafo 5?

Ⓐ Una parte de

Ⓑ Después de

Ⓒ Lleno de

Ⓓ Que carece de

2 ¿Qué evento causa que Kay elija el tema para su reporte?

Ⓕ La idea de su mamá

Ⓖ Los comerciales de televisión

Ⓗ Las acciones del niño pequeño

Ⓙ Su búsqueda en Internet

3 ¿En cuál de los resultados de la búsqueda se podría encontrar la fotografía que aparece junto al párrafo 9?

Ⓐ <u>Comerciales de televisión que anuncian comida chatarra para niños</u>

Ⓑ <u>La peor comida chatarra para niños</u>

Ⓒ <u>Lista de comida chatarra para niños</u>

Ⓓ <u>Datos acerca de la comida chatarra para niños</u>

4 ¿Cuál palabra de la historia significa lo opuesto a la palabra <u>pequeño</u> en el párrafo 7?

Ⓕ *bueno*

Ⓖ *mejor*

Ⓗ *afortunada*

Ⓙ *grande*

 motivation**reading**™NIVEL 2

5 ¿Cuál oración ayuda al lector a saber cuál es el escenario al principio de la historia?

Ⓐ *Cada vez grita más fuerte.*

Ⓑ *Él quiere ese dulce.*

Ⓒ *No puedo creer que ese niño esté tan desesperado.*

Ⓓ *Parece que su madre quisiera irse y dejar sus compras.*

6 ¿Qué palabras clave usa Kay para encontrar la información para su reporte?

Ⓕ Comida chatarra para niños

Ⓖ Comida chatarra en la televisión

Ⓗ Datos curiosos acerca de la comida chatarra

Ⓙ Tomar decisiones saludables para comer

7 ¿Qué le enseña la lectura "Una gran idea" al lector?

Ⓐ Los dulces son un alimento saludable.

Ⓑ Cuando lloras, puedes conseguir lo que quieres.

Ⓒ La televisión te ayuda a saber qué debes comprar.

Ⓓ Los niños pueden aprender a tomar decisiones saludables.

8 ¿Cuál es una decisión saludable que se comenta en la historia?

Ⓕ Llorar muy fuerte

Ⓖ Hacer ejercicio

Ⓗ Comer dulces y papitas

Ⓙ Jugar dentro de la casa

9 Lee esta oración del párrafo 9 de la historia.

> *Algunos de mis amigos se la pasan todo el día pegados a una pantalla.*

En esta oración, ¿qué quieren decir las palabras "pegados a una pantalla"?

Ⓐ Que trabajan en el cine

Ⓑ Que no dejan de trabajar hasta terminar su tarea

Ⓒ Que ven la televisión o usan la computadora por mucho tiempo

Ⓓ Que buscan información en la Internet

10 ¿Por qué la mamá de Kay dice que es una madre afortunada?

Ⓕ Kay tiene muchas amigas.

Ⓖ Kay saca buenas calificaciones en la escuela.

Ⓗ Kay toma decisiones saludables.

Ⓙ Kay no ruega que le compren juguetes en la tienda.

Una gran idea

Conocimiento · *i* · **Recuerda**

Los comerciales de la historia pasaron en _____

y en _____ .

Comprensión · *i* · **Entiende**

Explica con tus propias palabras qué es una búsqueda en la computadora.

_____

_____

_____

Aplicación · *i* · **Aplica**

Imagínate que tienes que escribir un reporte para la escuela. Escribe el tema y las palabras clave que podrías usar en tu búsqueda en la computadora.

Tema: _____

Palabras clave: _____

_____

_____

Unidad 11 Razonamiento crítico

¿Cómo podría ayudarles a los amigos de Kay un reporte sobre las decisiones saludables?

_____

_____

_____

Algunas veces los comerciales de televisión no son útiles. ¿Por qué piensas que esto pudiera ser cierto?

_____

_____

_____

Usa palabras y dibujos para hacer un anuncio publicitario de comida saludable.

 motivation**reading**™NIVEL 2

¡Motívate! Mike dice: "Los periódicos, la televisión y la Internet son medios que dan información".

Estación de motivación

Kay, Lynne, Meg y Allison compran cada una algo que vieron en comerciales de televisión. Ellas compraron una muñeca, un anillo, un collar y una camiseta.

Lee las pistas. Traza una línea para unir cada niña con el artículo que compró.

Pistas

1. Kay y la niña que compró la muñeca tienen moños en el cabello.

2. La niña que compró el anillo no tiene un moño en el cabello.

3. Meg no compró el anillo ni el collar.

 Kay

 Lynne

 Meg

 Allison

Diario

Muchos niños pasan mucho tiempo viendo televisión o jugando videojuegos. Escribe acerca de una actividad que realizas y que es una opción más saludable.

_____

_____

_____

_____

Unidad 11 Tarea

Los medios de comunicación están por todas partes. Los lees, escuchas y ves los medios. La televisión, los periódicos, las revistas, los videojuegos y los sitios de Internet son medios de comunicación. Los medios de comunicación tienen tres propósitos principales. El primero es informar a las personas, el segundo es entretenerlas y el tercer propósito es convencer a las personas de comprar o creer algo. Observa un comercial en la televisión. Piensa acerca de lo que muestra el comercial. ¿Te dice algo? ¿Te hace reír? ¿Te hace creer en algo? ¿Hace que quieras comprar algún artículo? Encuentra las respuestas a preguntas como estas antes de comprar algo. Siempre debes tener el cuidado de pensar en lo que lees, escuchas y ves en los medios de comunicación.

1 ¿Cuál es el tema del párrafo?

Ⓐ Ejemplos de medios de comunicación

Ⓑ Ubicación de los medios de comunicación

Ⓒ Propósitos de los medios de comunicación

Ⓓ Cuestionar los medios de comunicación

2 ¿Qué opción no se necesita para comprender a los medios de comunicación?

Ⓕ Comprar artículos

Ⓖ Leer palabras

Ⓗ Ver imágenes

Ⓙ Escuchar sonidos

3 ¿Por qué escribe este párrafo el autor?

Ⓐ Para entretener al lector

Ⓑ Para dar información al lector

Ⓒ Para hacer que el lector compre algo

Ⓓ Para que el lector crea que la televisión es dañina

4 ¿Cuál medio de comunicación es tu favorito?

_____

¿Por qué? _____

_____

_____

Actividades para los padres

1. Vea comerciales de televisión con su hijo(a). Comenten cómo se usan los personajes, los sonidos y las gráficas para atraer la atención de los consumidores.

2. Observen la publicidad en las revistas o en los aparadores de las tiendas. Comente con su hijo(a) la manera en que la publicidad influyen el pensamiento de los consumidores o los hace que quieran comprar.

 motivation**reading**™NIVEL 2

Lee la lectura y escoge la mejor respuesta para cada pregunta.

Gracias, señor presidente

1   Las pelucas, los sombreros, las cabañas de troncos y las manualidades de cerezo son señales de que se acerca el Día de los Presidentes. Al principio, el Día de los Presidentes era el cumpleaños de George Washington. Se celebraba el 22 de febrero. Este día especial honraba al primer presidente del país. Más tarde, las personas consideraron que se debería recordar también la obra de Abraham Lincoln. El presidente Lincoln guio al país durante la Guerra Civil. Su cumpleaños era el 12 de febrero. Entonces se celebraron los cumpleaños de ambos presidentes.

2   En 1968, los líderes de Estados Unidos decidieron honrar a todos los presidentes el mismo día. Este día festivo se conoce como el Día de los Presidentes y se celebra cada tercer lunes de febrero.

Febrero

Domingo	Lunes	Martes	Miércoles	Jueves	Viernes	Sábado
					1	2
3	4	5	6	7	8	9
10	11	12	13	14	15	16
17	18	19	20	21	22	24
25	26	27	28			

3   El Día de los Presidentes es motivo de gran alegría en todo Estados Unidos. En la capital de la nación se lee el discurso de despedida de George Washington. Las ciudades y los pueblos se decoran con colores rojo, blanco y azul. Se realizan desfiles y fiestas en los parques y en los vecindarios. Las personas dan conciertos de música patriótica. La brisa hace ondear con orgullo la bandera de Estados Unidos durante estas celebraciones.

4   En la escuela, los niños leen biografías de los presidentes. Los estudiantes observan fotografías de los presidentes. Leen acerca de las familias, los intereses y la educación de los presidentes. Algunas

clases planean y presentan programas. Los niños marchan por los pasillos de sus escuelas cantando y ondeando sus banderas. Los estudiantes hacen manualidades para presentar información acerca de los presidentes.

5   Cada mes de febrero, los ciudadanos celebran con orgullo la vida de los presidentes de Estados Unidos. Estos hombres hicieron de Estados Unidos un país próspero y libre. En este día festivo, los norteamericanos detienen un momento sus actividades cotidianas y dicen: "¡Gracias, señor presidente!"

Gracias, señor presidente
por Lora Howell

Gracias, señor presidente,
Por guiar a los Estados Unidos,
A ser la nación grande y fuerte,
Que disfrutamos agradecidos.

5   Desde Washington hasta Lincoln,
Y a los presidentes que están por llegar,
Les damos gracias por su servicio
¡Y por darnos libertad!

1 Después de leer la lectura, ¿qué puede decir el lector acerca de George Washington y Abraham Lincoln?

Ⓐ Fueron los primeros dos presidentes.

Ⓑ Fueron líderes importantes.

Ⓒ Les gustaba celebrar los cumpleaños.

Ⓓ Fueron amigos.

2 Los estadounidenses decidieron honrar a todos los presidentes con un día festivo porque

Ⓕ todos los presidentes viven en la Capital

Ⓖ todos los presidentes son especiales

Ⓗ todos los presidentes nacieron en febrero

Ⓙ todos los presidentes tienen biografías

3 ¿Por qué las ciudades y los pueblos se decoran con colores rojo, blanco y azul el Día de los Presidentes?

Ⓐ Para mostrar los colores que se usan en las manualidades

Ⓑ Para mostrar los colores favoritos de los presidentes

Ⓒ Para mostrar los colores de la bandera

Ⓓ Para mostrar los colores más importantes

4 ¿Por qué el autor escribe esta lectura?

Ⓕ Para informar al lector acerca de un día festivo importante

Ⓖ Para compartir poemas acerca del Día de los Presidentes

Ⓗ Para mostrar cómo hacer decoraciones para el Día de los Presidentes

Ⓙ Para explicar por qué las personas celebran días festivos

5 ¿De qué trata principalmente el párrafo 4?

Ⓐ Cómo se celebra el Día de los Presidentes en la Capital de la nación

Ⓑ La historia del Día de los Presidentes

Ⓒ La primera celebración del Día de los Presidentes

Ⓓ Cómo celebran los niños en la escuela el Día de los Presidentes

6 Un patriota es una persona que ama a su país. En el párrafo 3, el sufijo *-ica* hace que la palabra <u>patriótica</u> signifique —

Ⓕ una patria pequeña

Ⓖ junto con una patria

Ⓗ sin patria

Ⓙ relacionado con la patria

7 ¿Qué característica del texto se usa en el calendario junto al párrafo 2 para mostrar el Día de los Presidentes?

Ⓐ Un número en un círculo

Ⓑ Un pie de foto

Ⓒ El nombre del mes

Ⓓ El número con letras negritas

8 ¿Qué día festivo se celebraba el 22 de febrero?

Ⓕ El cumpleaños del Tío Sam

Ⓖ El Día de la Bandera

Ⓗ El cumpleaños de George Washington

Ⓙ El Día de los Presidentes

9 ¿Qué palabras riman en el poema "Gracias, Sr. presidente"?

Ⓐ *servicio, libertad*

Ⓑ *presidente, Lincoln*

Ⓒ *Unidos, agradecidos*

Ⓓ *damos, servicio*

10 Observa la fotografía.

¿Qué párrafo de la lectura se relaciona más con la fotografía?

Ⓕ Párrafo 1

Ⓖ Párrafo 2

Ⓗ Párrafo 3

Ⓙ Párrafo 5

motivation**reading**™ NIVEL 2

Gracias, señor presidente

Con base en la información de la lectura, escribe tres maneras de celebrar el Día de los Presidentes.

1. _____

2. _____

3. _____

Explica cómo comenzó el Día de los Presidentes.

_____

_____

_____

_____

Escribe acerca de un día que se celebra en tu escuela.

_____

_____

_____

_____

Unidad 12 Razonamiento crítico

¿En qué se parecen los días festivos del Día de los Presidentes y el Cuatro de Julio?

_____

_____

_____

¿Piensas que un día festivo es la mejor manera de honrar a nuestros presidentes? Explica tu razonamiento.

_____

_____

_____

_____

Crea y describe una nueva manera de celebrar del Día de los Presidentes.

_____

_____

_____

_____

_____

_____

motivation**reading**™NIVEL 2

¡Motívate! Molly dice: "Los lectores usan evidencia del texto para apoyar sus inferencias".

Estación de motivación

Las palabras compuestas son palabras que están formadas por dos palabras. Lee las palabras del banco de palabras y escribe seis palabras compuestas en las líneas en blanco.

abre	boca	tela	hoja	araña	lata
pelo	medio	latas	día	rojo	calle

1. _____

2. _____

3. _____

4. _____

5. _____

6. _____

Diario

Escribe una lista con los materiales y los pasos necesarios para completar una manualidad original para el Día de los Presidentes.

_____

_____

_____

_____

En 1860, Abraham Lincoln esperaba ser electo presidente de Estados Unidos. Entonces recibió una carta de una niña llamada Grace. Grace le <u>aconsejó</u> que se dejara crecer la barba y le sugirió que la barba podría ayudarle a ganar la elección. El Sr. Lincoln le escribió una carta a Grace explicando que nunca se había dejado crecer la barba. De cualquier manera, Lincoln se dejó crecer la barba. El Sr. Lincoln ganó la elección. Viajó en tren hacia la Casa Blanca. El tren se detuvo en el pueblo de Grace. El presidente Lincoln conoció a Grace y le dijo: "Grace, observa mi barba. Me la dejé crecer por ti". Grace se enorgulleció de que el 16º presidente de los Estados Unidos hubiera seguido su consejo.

1 ¿Qué aspecto de Abraham Lincoln puede comprender el lector con la ayuda del párrafo?

Ⓐ Lincoln era amigo de Grace.

Ⓑ Lincoln disfrutaba rasurarse.

Ⓒ Lincoln tenía miedo al cambio.

Ⓓ Lincoln escuchaba a los demás.

2 ¿Cuál palabra del párrafo tiene el mismo significado que la palabra <u>aconsejó</u>?

Ⓕ *Viajó*

Ⓖ *detuvo*

Ⓗ *sugirió*

Ⓙ *recibió*

3 El lector puede decir que la fotografía se tomó —

Ⓐ antes de que Abraham Lincoln fuera presidente

Ⓑ después de que Abraham Lincoln fuera presidente

Ⓒ cuando Abraham Lincoln viajó a la Casa Blanca

Ⓓ cuando Abraham Lincoln conoció a Grace

4 ¿Qué consejo le darías al presidente de Estados Unidos?

_____

_____

_____

✂ -

Actividades para los padres

1. Usen fuentes digitales o impresas para encontrar fotografías de los presidentes de Estados Unidos.
2. Anime a su hijo(a) a hacer manualidades y decoraciones para el Día de los Presidentes.
3. Seleccionen una canción patriótica. Ayude a su hijo(a) a cantar la canción.

 motivation**reading**™NIVEL 2 ©2013–2014 mentoring**minds**.com

Lee la lectura y escoge la mejor respuesta para cada pregunta.

La señorita Polk publicó este mito en la página web de la clase. Pidió a los padres que leyeran el mito con sus hijos.

Escuela Primaria Sunnybrook

Tiene el orgullo de presentar la página web de la clase de segundo grado de la señorita Polk.

🏠 Inicio | ✏️ Tarea | 💻 Escritorio de la Srta. Polk | 📅 Calendario | ◉ Proyectos

El regalo del Arco Iris

1   La Ciudad de Colores era un lugar feliz. El dios y la diosa de la belleza tuvieron una bebita. Le pusieron Arco Iris. Pronto, la pequeña niña creció y se convirtió en una joven <u>encantadora</u>. En cualquier lugar al que iba, Arco Iris dejaba hermosos colores. Tonos de azul, verde, rojo y otros colores llenaban el cielo. Las personas quedaban sorprendidas por sus obras de arte. Los colores de Arco Iris hacían que las noches brillaran. Los días resplandecían con sus colores. El pueblo creía que sus deslumbrantes cabellos amarillos, sus brillantes ojos azules y sus vestidos ondulantes daban más color al mundo. A Arco Iris le encantaban sus obras de arte.

2   Una mañana, Arco Iris se despertó después de su descanso nocturno. El día estaba nublado y gris. Arco Iris pensó: "Debo hacer que el día sea más brillante y alegrar a los habitantes de mi ciudad". Ella tomó su paleta de muchos colores.

3   Arco Iris tomó con una mano el extraño pedazo de madera y con la otra mano tomó su pincel. Mientras pintaba su lienzo, los colores comenzaron a danzar. En su baile formaron la figura de un arco. Contenta con su diseño, Arco Iris lo lanzó con alegría al aire. La pintura tan colorida llegó hasta los cielos. Hizo que el día fuera más brillante. Arco Iris agregó polvo de oro y plata al arco. Parecía que el arco miraba hacia las nubes y destellaba en el cielo.

4   Los habitantes de la Ciudad de Colores vieron la pintura tan resplandeciente. Quedaron sorprendidos con la creación de Arco Iris.

5   —Es tan encantador como tú. ¿Qué nombre debemos ponerle a tu obra de arte? —preguntó el pueblo.

 motivation**reading**™NIVEL 2

6   Arco Iris contestó: —No estoy segura. Por favor, ayúdenme a encontrar un nombre.

7   La gente hablaba entre sí. El gobernante de la ciudad dio un paso adelante y dijo: —Debemos nombrarle Arco Iris en honor a ti y a tu belleza. El arco hará más alegres nuestros días.

8   Arco Iris estuvo de acuerdo en compartir su nombre con el maravilloso arco.

9   —¿Lo tendremos siempre para alumbrar en días oscuros? — preguntó el pueblo.

10   —Esa es una idea maravillosa. Le pediré a Zeus que te conceda tu deseo —respondió Arco Iris. Arco Iris viajó el largo trayecto que la separaba del rey de los dioses. Zeus escuchaba mientras Arco Iris le explicaba su plan. El rey se complació al ver que Arco Iris quería compartir su regalo con los demás. Zeus le concedió a Arco Iris su petición.

11   En los días oscuros y nublados, aparece un arco iris en el cielo. Su sorprendente gama de colores decora los cielos. El arco iris les recuerda a las personas el regalo de la diosa del color.

Unidad 13 Evaluación

1 Se puede describir mejor a Arco Iris como —

Ⓐ talentosa y cuidadosa

Ⓑ artística y egoísta

Ⓒ feliz y avara

Ⓓ amable y infeliz

2 ¿Cuál de los siguientes es el mejor resumen del mito?

Ⓕ Arco Iris es una artista famosa. Todo lo hace hermoso.

Ⓖ Arco Iris es la diosa del color. Da brillo a las vidas de las personas que viven en la Ciudad de Colores.

Ⓗ En la Ciudad de Colores nace una niña hermosa. Zeus le concede un deseo especial.

Ⓙ Arco Iris recibe un regalo especial. Trae riqueza a los habitantes de su ciudad.

3 ¿Qué pasa después de que Arco Iris se despierta en un día nublado y gris?

Ⓐ El dios y la diosa de la Ciudad de Colores pintan un arco iris.

Ⓑ Arco Iris busca colores nuevos.

Ⓒ Arco Iris pinta un arco de colores.

Ⓓ El dios y la diosa de color le ponen por nombre Arco Iris a su hija.

4 ¿Cuál palabra del párrafo 1 significa casi lo mismo que la palabra <u>encantadora</u>?

Ⓕ *feliz*

Ⓖ *ondulantes*

Ⓗ *brillantes*

Ⓙ *hermosos*

5 ¿Cuál es el tema del mito?

Ⓐ Las personas pueden aprender destrezas nuevas si piden ayuda.

Ⓑ Las personas pueden usar sus talentos para dar brillo a las vidas de otros.

Ⓒ Las personas pueden hacer que otros se sientan felices o tristes.

Ⓓ Las personas pueden pedir consejo de otros.

6 ¿Por qué la ilustración de la paleta está antes que la ilustración del arco iris?

Ⓕ La primera ilustración muestra que Arco Iris pinta todos los días.

Ⓖ La primera ilustración muestra que Arco Iris lanza su creación al aire.

Ⓗ La primera ilustración muestra los instrumentos que usa Arco Iris para pintar.

Ⓙ La primera ilustración muestra la obra de arte que hizo Arco Iris.

7 La palabra trayecto en el párrafo 10 significa —

Ⓐ regalo

Ⓑ ciudad

Ⓒ deseo

Ⓓ camino

8 ¿Quién es el padre de Arco Iris?

Ⓕ El dios de la belleza

Ⓖ Zeus

Ⓗ El rey de la Ciudad de Colores

Ⓙ El rey de los dioses

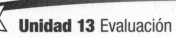
9 ¿Por qué Arco Iris pinta el hermoso arco?

Ⓐ Para poner polvo de oro en el cielo

Ⓑ Para dar resplandor al cielo nocturno

Ⓒ Para dar brillo a los días de las personas

Ⓓ Para traer el resplandor del sol al cielo nublado

10 Lee esta oración del párrafo 3 del mito.

> *Parecía que el arco miraba hacia las nubes y destellaba en el cielo.*

¿Qué significa esta oración?

Ⓕ El arco iris está cerca del sol en el cielo.

Ⓖ El arco iris no se ve en el cielo.

Ⓗ El arco iris es más grande que el sol en el cielo.

Ⓙ El arco iris se ve en el cielo.

El regalo del Arco Iris

Conocimiento *i* **Recuerda**

¿Dónde vive Arco Iris?

_____

Comprensión *i* **Entiende**

¿Por qué Arco Iris visita a Zeus?

_____

_____

_____

Aplicación *i* **Aplica**

Escribe acerca de algo que puedas hacer para que los días de otras personas sean brillantes.

_____

_____

_____

_____

¿Cómo pueden hacer felices a las personas los arco iris?

_____

_____

_____

_____

¿Sería especial el arco iris si todos los días se viera en el cielo?

Encierra en un círculo tu respuesta.   Sí   No

Explica tu respuesta. _____

_____

_____

_____

Describe algo que puedas crear para hacer felices a las personas.

_____

_____

_____

     motivation**reading**™ NIVEL 2

Estación de motivación

¡Motívate! Mike dice: "Los lectores cuidadosos usan datos y detalles de las historias para contestar preguntas".

Arco Iris era una diosa hermosa y joven que amaba los colores. Haz un dibujo de cómo se veía Arco Iris con base en la información del mito. Usa colores y diseños para decorar tu cuadro.

Diario

Escribe acerca de alguna vez en que viste un arco iris.

_____

_____

_____

_____

_____

Una paleta es una tabla ovalada que usan los artistas para mezclar colores. Una artista saca <u>pizcas</u> de color de sus tubos y las pone en la paleta. Luego, introduce su pulgar por el pequeño agujero de la tabla. La artista balancea la paleta sobre su brazo mientras pinta. La artista sabe qué colores va a necesitar. Mezcla los colores para hacer diferentes tonos de color. Al mezclar sus pinturas, la artista hace que su paleta parezca un arco iris lleno de colores.

1 ¿Por qué usa una paleta la artista?

Ⓐ La artista guarda sus tubos de pintura en una paleta.

Ⓑ La artista coloca su pincel sobre la paleta.

Ⓒ La artista mezcla sus pinturas en la paleta.

Ⓓ La artista crea pinturas en la paleta.

2 ¿Por qué el autor incluye la fotografía?

Ⓕ Para mostrar el trabajo de la artista

Ⓖ Para mostrar cómo usa la paleta la artista

Ⓗ Para mostrar a los niños cómo pintar

Ⓙ Para mostrar qué colores tiene la paleta

3 ¿Cuál es el propósito del agujero en la paleta?

Ⓐ Ayuda a la artista a sostener la paleta.

Ⓑ Ayuda a la artista a balancear el pincel.

Ⓒ Ayuda a la artista a mezclar las pinturas.

Ⓓ Ayuda a la artista a crear la obra de arte.

4 Escribe una oración que incluya la palabra <u>pizcas</u> como se usa en el párrafo.

_____

_____

_____

_____

Actividades para los padres

1. Busquen en Internet imágenes de arco iris. Identifiquen los colores del arco iris y sus significados.

2. Permita a su hijo(a) hacer varios arco iris con colores creativos.

3. Anime a su hijo(a) a experimentar combinando colores.

 motivation**reading**™NIVEL 2 ©2013–2014 mentoring**minds**.com

Lee la lectura y escoge la mejor respuesta para cada pregunta.

Castores constructores

1   Los castores son mamíferos peludos. Son miembros de la familia de los roedores. Otros roedores son los ratones y las ardillas. El estado de Oregón se conoce como "el estado del castor".

2   Estos mamíferos son los roedores más grandes de Estados Unidos. La mayoría de los castores adultos pesa entre 35 y 80 libras. Comen hojas, corteza, raíces y plantas. Los castores usan sus largos y afilados dientes frontales para roer. Pelan la corteza de los árboles para comérsela y también la usan para construir sus casas.

3   Los castores trabajan mucho construyendo. Varios castores trabajan juntos para construir una presa. Primero <u>talan</u> árboles pequeños con sus poderosos dientes frontales. Enseguida, los castores cortan los troncos en pedazos más pequeños. Arrastran la madera hacia el lugar en donde construirán la presa. Luego, los castores colocan palos y rocas en el fondo del arroyo. Ellos tapan los palos y las rocas con raíces, hojas y ramas para formar la presa. Los castores <u>recubren</u> la presa con lodo para bloquear el agua.

4   Los castores utilizan más palos para construir un montículo en forma de domo sobre la presa. A la casa de los castores se le llama madriguera. Los castores hacen dos agujeros en la madriguera; los agujeros quedan debajo del agua. Un agujero es para entrar a su casa. El otro agujero es para escapar rápidamente de los enemigos. Los castores despejan el área dentro del montículo

dejando así un espacio para el aire. En este espacio construyen una repisa para tener un área seca. Los roedores usan esta área para almacenar comida y cuidar a sus crías.

5   Los castores viven debajo del agua la mayor parte del tiempo. Pueden nadar cuatro minutos antes de tener que respirar nuevamente. Las patas palmeadas de los castores y sus colas largas y planas les ayudan a nadar con rapidez. Usan sus colas para golpear el agua cuando hay peligro y advertir a otros castores. Los párpados de los castores son transparentes. Esto le ayuda a ver debajo del agua cuando tienen los ojos cerrados. Sus párpados transparentes también permiten a los castores protegerse de los objetos en el agua.

6   Para el año 1900, los castores estaban casi <u>extintos</u> en Estados Unidos. Las personas mataban a muchos castores para vender su piel. Los programas para proteger a los castores han tenido éxito. La población de castores ha aumentado.

Población de castores en Estados Unidos

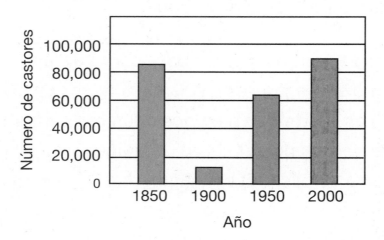

1 Lee esta oración del párrafo 3 de la lectura.

> *Primero talan árboles pequeños con sus poderosos dientes frontales.*

¿Qué palabra puede usarse en lugar de talan en esta oración?

Ⓐ Dobla

Ⓑ Cortan

Ⓒ Cubren

Ⓓ Empujan

2 El autor escribe esta lectura para —

Ⓕ convencer al lector de proteger a los castores

Ⓖ describir a los castores y cómo construyen sus casas

Ⓗ mostrar al lector cómo encontrar castores en sus madrigueras

Ⓙ explicar por qué los castores viven cerca del agua

3 ¿Qué significa la palabra extintos en el párrafo 6?

Ⓐ Que ya no existen

Ⓑ Que son fáciles de ver

Ⓒ Que hay muchos

Ⓓ Que no tienen casa

4 Estudia la gráfica abajo del párrafo 6. ¿En qué año había menos castores?

Ⓕ 1850

Ⓖ 1950

Ⓗ 1900

Ⓙ 2000

5 ¿Qué pie de foto va mejor con la fotografía de la casa de los castores junto al párrafo 4?

Ⓐ Un agujero en forma de domo para mamíferos

Ⓑ Una ruta de escape para castores

Ⓒ Una repisa para roedores

Ⓓ Una madriguera de castores

6 Se debe proteger a los castores porque —

Ⓕ hacen estanques

Ⓖ derrumban árboles

Ⓗ son los roedores más grandes de Estados Unidos

Ⓙ las personas los matan por sus pieles

7 ¿Cuál palabra del párrafo 3 tiene un significado similar al de la palabra <u>recubren</u>?

Ⓐ *colocan*

Ⓑ *Arrastran*

Ⓒ *tapan*

Ⓓ *construir*

8 ¿Cuál es el tema del párrafo 5 de la lectura?

Ⓕ El cuerpo de los castores

Ⓖ Las casas de los castores

Ⓗ El tamaño de los castores

Ⓙ La ubicación de los castores

9 Lee este diagrama con eventos de la lectura.

Los castores juntan madera de los árboles.

↓

Los castores construyen una presa.

↓

Los castores construyen una madriguera.

↓

¿Qué oración debe ir en el recuadro vacío?

Ⓐ Los castores construyen una repisa.

Ⓑ Los castores tiran árboles.

Ⓒ Los castores parten los troncos en pedazos.

Ⓓ Los castores recubren la presa con lodo.

10 ¿Qué oración de la selección ayuda al lector a saber que los castores son inteligentes?

Ⓕ *El estado de Oregón se conoce como "el estado del castor".*

Ⓖ *Comen hojas, corteza, raíces y plantas.*

Ⓗ *Los castores trabajan mucho construyendo.*

Ⓙ *Los castores hacen dos agujeros en la madriguera; los agujeros quedan debajo del agua.*

Castores constructores

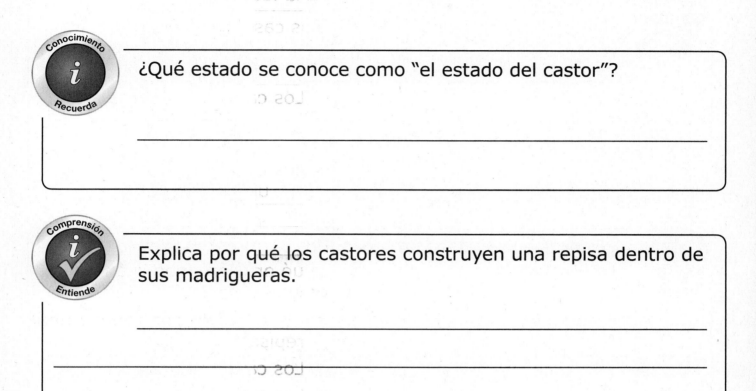

¿Qué estado se conoce como "el estado del castor"?

_____

Explica por qué los castores construyen una repisa dentro de sus madrigueras.

_____

_____

_____

_____

Si hubiera una inundación en tu comunidad, ¿cuál sería el cuarto más seguro en tu casa? Describe ese cuarto y explica por qué es seguro.

_____

_____

_____

_____

_____

Unidad 14 Razonamiento crítico

¿Por qué piensas que los castores viven la mayor parte del tiempo bajo el agua?

_____

_____

_____

¿Piensas que se debe proteger a los castores? Explica tu razonamiento.

_____

_____

_____

Usa palabras y frases para completar el acróstico acerca de un castor.

C _____

A _____

S _____

T _____

O _____

R _____

138   ILLEGAL TO COPY   motivation**reading** NIVEL 2   ©2013–2014 mentoring**minds**.com

¡Motívate! Molly dice: "Un autor escribe sus ideas en orden para ayudar a los lectores a comprender el texto".

Estación de motivación

Selecciona una manera de ordenar a estos animales en tres grupos. Escribe los nombres de los animales dentro de los círculos. Rotula cada círculo con un subtítulo que describa al grupo de animales.

caballo	vaca	oveja	pájaro
tigre	perro	león	cebra
pez	pingüino	gato	pato

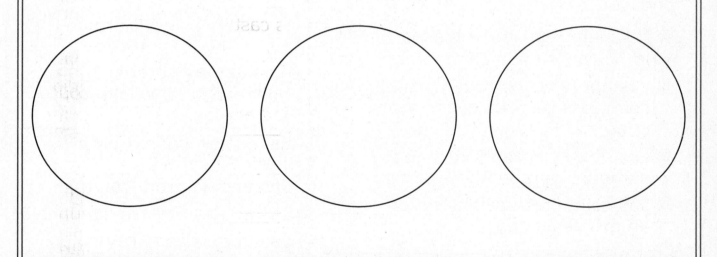

_____   _____   _____

Diario

La frase "trabajar como castor" se usa para describir el trabajo con entusiasmo. Describe a alguien que conozcas que "trabaje como castor".

_____

_____

_____

_____

Unidad 14 Tarea

Los animales construyen casas para protegerse. Las abejas son constructoras expertas. Construyen colmenas en árboles o cuevas. Por lo general la colmena tiene una sola entrada por abajo. Dentro de la colmena hay un panal. El panal es de cera. La abeja reina pone sus huevos en el panal. Puede poner hasta 1,500 huevos en un día. Cuando las larvas salen del huevo, las abejas obreras hembras las alimentan. Las obreras recogen el alimento de las flores. Esta comida se transforma en miel. Las colmenas son un lugar donde las abejas pueden cuidar a sus crías y producir miel.

Un panal

1 ¿Cuál es la idea principal del párrafo?

Ⓐ La abeja reina es la más importante en la colmena.

Ⓑ Las abejas construyen colmenas para proteger a sus crías y almacenar comida.

Ⓒ Las abejas obreras recogen alimento para la abeja reina.

Ⓓ Las colmenas se construyen en árboles y cuevas.

2 Las abejas recogen alimento de —

Ⓕ la cera

Ⓖ la miel

Ⓗ las flores

Ⓙ las cuevas

3 Lee la tabla con la información.

| • La abeja reina pone huevos |
| • _____ |
| • Las abejas obreras alimentan a las larvas de abejas. |

¿Cuál opción debe ir en el espacio en blanco?

Ⓐ Las abejas producen miel.

Ⓑ Las abejas construyen panales.

Ⓒ Las abejas construyen colmenas.

Ⓓ Las larvas salen de los huevos.

4 ¿Preferirías ser una abeja reina o una abeja obrera? Explica tu respuesta.

_____

_____

_____

✂ --

Actividades para los padres

1. Encuentren en Internet imágenes de presas construidas por castores. Comenten sus similitudes y diferencias.

2. Usen fuentes digitales o impresas para encontrar información acerca de las casas de animales.

3. Inventen un animal imaginario y diseñen su casa.

Lee la lectura y escoge la mejor respuesta para cada pregunta.

Proyecto búho

1   Bryson, Trey y Wynne eran amigos desde kindergarten. Ellos trabajaban frecuentemente como equipo en proyectos escolares. Podían ponerse de acuerdo rápidamente sobre los planes para hacer las tareas.

2   La señorita Watkins, maestra de los niños, les puso un proyecto que relacionaba la lectura con las ciencias. Le pidió a cada grupo que seleccionara un libro de ciencias que no fuera un cuento. Los estudiantes tenían que escribir un reporte sobre ese tema de ciencias. Luego, los estudiantes tenían que encontrar un poema acerca del tema. Finalmente, los estudiantes tenían que escribir un poema nuevo sobre el proyecto.

3   Para Bryson, Trey y Wynne fue fácil seleccionar el libro. La bibliotecaria le había leído a su clase un libro acerca de los búhos. Los niños hablaron acerca de lo que habían aprendido del libro. Querían saber más acerca de los búhos.

4   Esa semana en la clase de computación, los amigos investigaron sobre los búhos para su proyecto. Encontraron los tipos de búhos que viven en su área. El señor Ortega, el maestro de computación, escuchó hablar a los niños. Les contó acerca de un búho que había visto cerca de su casa. El

señor Ortega invitó a Bryson, Trey y Wynne a visitar su granja.

5   La noche del sábado, el papá de Trey llevó a los niños a la granja del señor Ortega. El señor Ortega los llevó a un área boscosa. Los niños escucharon a un búho ulular. Así se llama cuando los búhos cantan. El señor Ortega señaló hacia una rama en un árbol. Ahí estaba el búho con sus dos ojos brillando como luna llena en la oscuridad. Parpadeo, brillo. Parpadeo, brillo. A los niños les latió más fuerte el corazón mientras observaban y escuchaban. De pronto, escucharon un ruido fuerte. Otro búho llegó volando y se paró en el árbol. ¡No podían creer que tuvieran tanta suerte! Al poco tiempo los dos búhos se fueron volando y los niños se sintieron un poco desilusionados. El señor Ortega les recordó que los búhos cazan de noche.

6   Los niños y el papá de Trey acompañaron al señor Ortega a su casa. Les invitó a pasar a tomar chocolate caliente. El señor Ortega encontró un sitio web acerca de búhos. Les dijo que las aves que habían visto eran búhos cornudos americanos. Los niños compararon a los búhos que vieron con otros tipos de búhos en el área. Bryson, Trey y Wynne agradecieron al señor Ortega por invitarlos a ver los búhos.

7   El lunes, la señorita Watkins dejó que los estudiantes trabajaran en sus proyectos. Los niños buscaron en Internet y encontraron un poema sobre búhos. Luego, escribieron un poema original acerca de los búhos en la granja del señor Ortega.

Un búho viejo y sabio
autor desconocido

En un roble estaba
un búho viejo y sabio.
Sus ojos muy abiertos,
su pico no hace nada.
5 Habla poco, todo oye,
un búho viejo y sabio
¡quién fuera como él!

Ojos que parpadean y brillan
por Bryson, Trey y Wynne

El gran búho está esperando
Canta en la noche ululando.
Sobre el árbol, muy arriba
Su mirada parpadea y brilla.
5 Parece que su ojo guiña
Cuando muy atento me vigila.

8   Bryson, Trey y Wynne escribieron su reporte. Imprimieron los poemas e hicieron la portada del proyecto. Al siguiente día, los niños presentaron su reporte acerca de los búhos y leyeron los poemas a la clase. Hablaron acerca de su experiencia en la granja del señor Ortega. A los estudiantes de la señorita Watkins les gustó mucho la aventura que Bryson, Trey y Wynne tuvieron con los búhos.

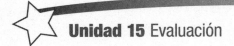

1 Lee esta oración del párrafo 5.

> *Ahí estaba el búho con sus dos ojos brillando como luna llena en la oscuridad.*

¿Qué muestra la oración al lector acerca de los ojos del búho?

Ⓐ Los ojos del búho están parpadeando.

Ⓑ Los ojos del búho están moviéndose.

Ⓒ Los ojos del búho son del color del cielo nocturno.

Ⓓ Los ojos del búho son grandes y brillantes.

2 ¿Qué lección puede aprender de los niños el lector?

Ⓕ Trabaja siempre con otras personas.

Ⓖ Es importante pedir ayuda.

Ⓗ Es mejor escuchar que hablar.

Ⓙ Trabajar como equipo conduce al éxito.

3 ¿Qué significa la palabra investigaron en el párrafo 4 de la lectura?

Ⓐ Buscaron

Ⓑ Reportaron

Ⓒ Examinaron

Ⓓ Vieron

4 ¿Qué hace que los niños se pongan rápido de acuerdo en el tema para su proyecto?

Ⓕ El señor Ortega llevó a la clase a un viaje de estudios.

Ⓖ La bibliotecaria leyó un libro acerca de búhos.

Ⓗ La maestra leyó un poema acerca de búhos.

Ⓙ El papá de Trey vive en una granja de búhos.

motivation**reading**™NIVEL 2
©2013–2014 mentoring**minds**.com

5 ¿Qué hubiera pasado si los niños no hubieran visitado la granja del señor Ortega?

Ⓐ No hubieran tenido ideas para el poema original que tenían que escribir.

Ⓑ No hubieran usado la Internet.

Ⓒ No hubieran investigado sobre búhos.

Ⓓ No hubieran visto una lechuza común.

6 Lee esta oración del párrafo 5 de la lectura.

> *A los niños les latió más fuerte el corazón mientras observaban y escuchaban.*

¿Qué quiere decir esta oración?

Ⓕ Los niños están entusiasmados.

Ⓖ Los niños se quedaron sin aliento.

Ⓗ Los niños están corriendo.

Ⓙ Los niños no están felices.

7 El ritmo del poema "Ojos que parpadean y brillan" se puede encontrar —

Ⓐ revisando la terminación de las palabras

Ⓑ leyendo el poema en voz alta

Ⓒ leyendo las palabras repetidas

Ⓓ observando los dibujos

8 ¿Cómo ayuda al lector la fotografía junto al poema para entender "Ojos que parpadean y brillan"?

Ⓕ El lector puede describir a una lechuza común.

Ⓖ El lector puede ver a un búho cornudo americano.

Ⓗ El lector puede ver al viejo y sabio búho sobre el árbol.

Ⓙ El lector puede comparar diferentes tipos de búhos.

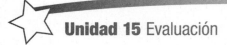
9 ¿Cuáles dos palabras riman en "Un búho viejo y sabio"?

Ⓐ *estaba, sabio*

Ⓑ *abiertos, oye*

Ⓒ *estaba, nada*

Ⓓ *pico, poco*

10 ¿Cuáles versos del poema "Un búho viejo y sabio" usan repetición?

Ⓕ Versos 1 y 4

Ⓖ Versos 2 y 4

Ⓗ Versos 2 y 6

Ⓙ Versos 5 y 7

Proyecto búho

Conocimiento *i* **Recuerda**

¿Cómo se llama el maestro de computación de los niños?

_____

Comprensión *i* **Entiende**

Explica con tus propias palabras por qué Bryson, Trey y Wynne trabajan como equipo frecuentemente.

_____

_____

_____

_____

Aplicación *i* **Aplica**

Escribe acerca de una vez que leíste sobre algo y luego lo viste en persona.

_____

_____

_____

_____

_____

Unidad 15 Razonamiento crítico

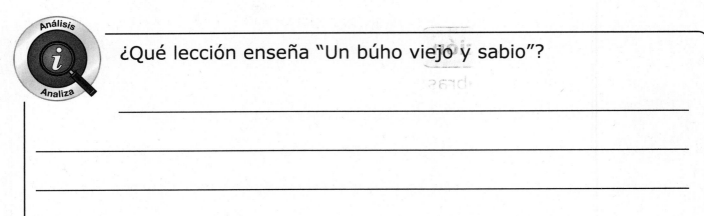

¿Qué lección enseña "Un búho viejo y sabio"?

_____

_____

_____

_____

¿Piensas que el poema "Ojos que parpadean y brillan" describe la aventura de los niños en la granja del señor Ortega? _____

Explica tu razonamiento. _____

_____

_____

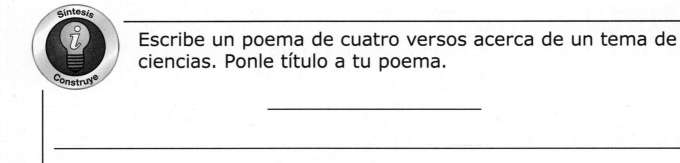

Escribe un poema de cuatro versos acerca de un tema de ciencias. Ponle título a tu poema.

_____

_____

_____

_____

motivation**reading**™ NIVEL 2

¡**Motívate! Mike dice:** "Los autores usan palabras para ayudar a los lectores a visualizar imágenes en su mente".

Estación de motivación

Lee las siguientes palabras y escribe cada una en la tabla junto a la palabra con que rima.

ulular	agradecieron	fuerte
amigos	libro	

La palabra...	rima con...
	imprimieron
	niños
	brillo
	suerte
	hablar

Diario

Escribe acerca de una persona que piensas que es sabia.

_____

_____

_____

_____

Unidad 15 Tarea

Jonah hizo esta tabla para presentar datos interesantes acerca de los búhos.

Pregunta	Respuesta
¿Cuántos tipos de búhos hay?	Hay alrededor de 200 especies de búhos.
¿Qué comen los búhos?	Los búhos comen ratones, ratas, serpientes, conejos, zarigüeyas, mapaches e insectos.
¿Cómo comen los búhos?	Los búhos no tienen dientes. Frecuentemente se tragan a su presa completa y luego regurgitan los huesos, pelaje y plumas que no pueden digerir.
¿Cómo ven los búhos?	Los búhos giran su cabeza para ver.
¿Por qué las alas de los búhos son especiales?	Sus alas tienen una pelusa que les permite volar sin que los escuchen.
¿En dónde viven los búhos?	Los búhos viven en troncos o en hoyos de árboles, en arbustos, en bosques y en edificios.
¿Cómo usan sus garras y picos los búhos?	Los búhos tienen picos y garras o espolones para atrapar a su presa.
¿Qué sonidos hacen los búhos?	Los búhos ululan y también hacen chillidos, silbidos y siseos.
¿Cuándo duermen los búhos?	La mayoría de los búhos duerme durante el día. Son animales <u>nocturnos</u> y cazan de noche.

1 ¿Por qué los búhos se tragan a su presa completa?

Ⓐ Se tragan los huesos y el pelaje.

Ⓑ No pueden masticar a su presa.

Ⓒ No pueden digerir su comida.

Ⓓ Regurgitan pedazos de su presa.

2 ¿Cuál pregunta de la tabla usaría el lector para saber cómo pueden volar silenciosamente los búhos?

Ⓕ *¿Qué comen los búhos?*

Ⓖ *¿Por qué las alas de los búhos son especiales?*

Ⓗ *¿Cómo ven los búhos?*

Ⓙ *¿Cómo usan sus garras y picos los búhos?*

3 ¿Cuál es el significado de la palabra <u>nocturnos</u>?

Ⓐ Comer durante el día

Ⓑ Activo durante la noche

Ⓒ Cazar durante la noche

Ⓓ Dormido durante la noche

4 Explica por qué los búhos son animales excepcionales.

_____

_____

_____

_____

_____

Actividades para los padres

1. Usen fuentes digitales o impresas para identificar tipos de búhos.

2. Visiten el zoológico o vean un *tour* virtual de un zoológico para observar búhos en su hábitat.

Lee la lectura y escoge la mejor respuesta para cada pregunta.

La heladería de Brenham

1　¿Estás listo para probar el mejor helado del mundo? Ven a la heladería *Blue Bell*® en Brenham, Texas. Disfruta un recorrido de 45 minutos que se ofrece de lunes a viernes. El personal en la heladería es muy servicial y amigable. Los empleados están listos para contestar tus preguntas. La fábrica es un lugar muy popular para visitar.

2　Durante nuestro recorrido en la heladería *Blue Bell*®, observarás el proceso para hacer helado. Escucharás los rechinidos de las máquinas. Verás tinas de helado de leche. Notarás cómo el producto final se pone en las cajas y es congelado muy rápido. Al final del recorrido recibirás muestras de helado *Blue Bell*®. Podrás elegir el sabor que prefieras probar de entre docenas de sabores.

De mu para ti
Cómo se hace el helado en una fábrica

1. Se llenan los tanques con leche y crema de las vacas.
2. Se agregan azúcar y otros ingredientes a la leche y la crema y se mezclan en tanques grandes.
3. Se calienta la mezcla para matar los gérmenes.
4. La mezcla se hace suave y cremosa.
5. Se enfría la mezcla.
6. Se agrega saborizante a la mezcla.
7. La mezcla se revuelve con frutas y nueces.
8. Se llenan botes con la mezcla de helado.
9. Se congela el helado muy rápido.
10. Se envía el helado.

Antigua máquina para hacer helados

3   La historia de la heladería *Blue Bell*® es interesante. La Compañía de Productos Lácteos Brenham abrió en 1907. En un principio, los lecheros de la localidad usaban la crema de la leche de sus vacas para hacer mantequilla. Luego, en 1911 la compañía comenzó a hacer helado. Se usaba una máquina con una manivela para hacer el helado. Hacían dos galones de helado cada día. El helado se vendía a amigos y vecinos. Se entregaba en carretas y a caballo.

4   En 1930 se cambió el nombre de la compañía a helados *Blue Bell*®. Los productos más frescos se usan para hacer helado. *Blue Bell*® tiene 60,000 vacas. Las vacas producen la leche necesaria para hacer 15,000 galones de nieve cada hora. Actualmente, la fábrica hace más de 50 sabores de nieve. Vende la nieve en Texas y en 19 estados más. El eslogan de los helados *Blue Bell*® es "¡Nos comemos todo lo que podemos y vendemos el resto!". ¡A los fanáticos del helado les encanta que la compañía de Brenham "venda el resto"!

Estatua del logotipo de *Blue Bell*®

1 ¿Cuál es la idea principal del párrafo 2 en "La heladería de Brenham"?

Ⓐ Todos los días de la semana, los visitantes pueden hacer un recorrido por la heladería en Brenham.

Ⓑ Las máquinas en la heladería *Blue Bell*® son ruidosas.

Ⓒ Las personas pueden probar el helado *Blue Bell*® durante el recorrido por la fábrica.

Ⓓ Durante su recorrido por la heladería *Blue Bell*®, los visitantes pueden ver cómo se hace el helado.

2 ¿Cuál es la última actividad del recorrido por la heladería *Blue Bell*®?

Ⓕ Ver tinas con la mezcla para helado

Ⓖ Probar muestras del helado

Ⓗ Observar cómo se coloca el helado en las cajas

Ⓙ Hacer preguntas a los trabajadores

3 ¿Cuántos galones de helado se hacen cada hora en la heladería *Blue Bell*®?

Ⓐ 15,000

Ⓑ 60,000

Ⓒ 50

Ⓓ 19

4 La palabra proceso en el párrafo 2 significa —

Ⓕ crema

Ⓖ mezclas

Ⓗ pasos

Ⓙ máquinas

5 ¿Por qué el autor incluye el párrafo 1 en la lectura?

Ⓐ Para explicar cómo se hace el helado *Blue Bell*®

Ⓑ Para invitar a los turistas a visitar la heladería *Blue Bell*®

Ⓒ Para describir la historia de la heladería *Blue Bell*®

Ⓓ Para mostrar razones por las que a las personas les gusta el helado *Blue Bell*®

6 Con base en "De mu para ti", el lector puede decir que —

Ⓕ la crema se agrega después de los otros ingredientes

Ⓖ se agrega el azúcar a la mezcla después de calentar la crema

Ⓗ el helado se congela muy rápido antes de agregar las frutas y las nueces

Ⓙ la mezcla se enfría antes de agregar saborizante

7 Lee la oración del párrafo 4.

> *Vende la nieve en Texas y en 19 estados más.*

¿Cuál detalle de la tabla apoya esta oración?

Ⓐ *Se enfría la mezcla.*

Ⓑ *Se agrega saborizante a la mezcla.*

Ⓒ *Se envía el helado.*

Ⓓ *Se congela el helado muy rápido.*

8 ¿Cuál frase de la lectura corresponde a la ilustración junto al párrafo 3?

Ⓕ *máquina con una manivela para hacer el helado*

Ⓖ *dos galones de helado*

Ⓗ *tinas de helado de leche*

Ⓙ *muestras de helado Blue Bell®*

9 ¿Cuándo comenzó a hacer helado la Compañía de Productos Lácteos Brenham?

Ⓐ Cuando se abrió la compañía

Ⓑ Después de que la compañía hizo mantequilla

Ⓒ Antes de que la compañía hiciera mantequilla

Ⓓ Cuando la compañía cambió de nombre

10 ¿Cuál característica del texto ayuda al lector a comprender cómo se hace el helado en una fábrica?

Ⓕ Pies de foto

Ⓖ Título

Ⓗ Números

Ⓙ Palabras subrayadas

 motivation**reading**™NIVEL 2

La heladería de Brenham

¿Qué producto se hizo primero en la Compañía de Productos Lácteos Brenham?

_____

Usando información de la tabla, explica cómo se hace el helado en una fábrica de helados.

_____

_____

_____

_____

Escribe acerca de una vez que visitaste un lugar especial.

_____

_____

_____

_____

Unidad 16 Razonamiento crítico

¿Qué pasaría si se perdiera la receta para el helado *Blue Bell*®?

_____

_____

_____

En tu opinión, ¿es buena idea o mala idea ofrecer una bola de helado gratis a las personas durante su recorrido a la heladería?

Encierra en un círculo tu respuesta.

Buena idea   **Mala idea**

Explica tu razonamiento. _____

_____

_____

Haz un sabor nuevo para un helado *Blue Bell*®. Ponle nombre a tu sabor y escribe la lista de los ingredientes.

_____

_____

_____

_____

_____

¡Motívate! Molly dice: "Un texto informativo incluye eventos escritos en un orden que tiene sentido".

Estación de motivación

Lee cada palabra. Escribe sobre la línea el número de sílabas que tiene cada palabra. Encuentra cada palabra y enciérrala en un círculo en la sopa de letras.

botes ____   proceso ____   favorito ____   sabroso ____

calidad ____   sabores ____   pinta ____   rebaño ____

tinas ____   vainilla ____   receta ____   casera ____

ñ	a	r	s	a	q	g	o	s	c	x	m	l	q	l	l	c	h
f	a	v	o	r	i	t	o	a	a	p	r	o	c	e	s	o	w
c	a	s	e	r	a	a	j	b	l	r	e	b	a	ñ	o	x	g
x	r	b	d	o	x	t	a	r	i	m	c	w	v	h	h	r	j
t	i	n	a	s	w	n	a	o	d	s	e	r	o	b	a	s	h
b	o	t	e	s	d	i	x	s	a	a	l	l	i	n	i	a	v
a	e	ñ	v	v	i	p	l	o	d	r	e	c	e	t	a	k	a

Diario

Imagina que tienes una nueva fábrica de helados. ¿Qué nombre le pondrías a tu fábrica? Describe un recorrido que darías para los visitantes.

_____

_____

_____

_____

_____

Unidad 16 Tarea

Puede ser divertido hacer helado en una bolsa. Usa la siguiente receta para hacer este delicioso postre.

Ingredientes

2 cucharadas de azúcar

1 taza de leche

$\frac{1}{2}$ cucharada chica de extracto de vainilla

$\frac{1}{2}$ taza de sal

cubos de hielo

1 bolsa <u>resellable</u> de una pinta

1 bolsa resellable de un galón

Pasos

1. Mezcla el azúcar, la leche y la vainilla en la bolsa de una pinta y ciérrala.

2. Llena la mitad de la bolsa de un galón con hielo y sal.

3. Coloca la bolsa pequeña dentro de la bolsa grande.

4. Cierra la bolsa de un galón.

5. Agita la bolsa hasta que la mezcla se espese.

---

1 El sufijo -*ble* en la palabra <u>resellable</u> significa —

Ⓐ de nuevo

Ⓑ llena de

Ⓒ que se puede

Ⓓ lo contrario de

2 ¿Cuál ingrediente no se introduce en la bolsa de una pinta al hacer helado?

Ⓕ Azúcar

Ⓖ Sal

Ⓗ Vainilla

Ⓙ Leche

3 ¿Cuál paso hace que la mezcla se haga helado?

Ⓐ **Paso 2**

Ⓑ **Paso 3**

Ⓒ **Paso 4**

Ⓓ **Paso 5**

4 ¿Qué pasaría si el **paso 1** y el **paso 2** se intercambiaran?

_____

_____

_____

Actividades para los padres

1. Haga un postre de helado con su hijo(a).

2. Localicen Brenham, Texas, en un mapa. Ayude a su hijo(a) a escribir las instrucciones para viajar de su casa a Brenham.

3. Usen fuentes digitales o impresas para localizar información sobre la historia del helado.

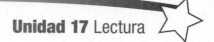

Lee la lectura y escoge la mejor respuesta para cada pregunta.

La niña que siempre pedía auxilio

1   Una mañana de verano, Jenny Martin y su familia fueron a dar una caminata por las colinas del parque en donde acamparon. El tiempo estaba hermoso. La brisa de la mañana estaba fresca.

2   Jenny y sus padres se detuvieron cerca de un arroyo para beber de su agua fresca y cristalina. De pronto Jenny gritó: —¡Ay, me picó la araña más grande que he visto en toda mi vida! ¡Pronto, se me está inflamando el brazo y lo siento adormecido!

3   —Jenny, ¿estás segura de que esto es una picadura de araña? A mí me parece más bien una picadura de mosquito —dijo el papá. Él y la mamá habían corrido a ver la picadura de la araña en el brazo de Jenny.

4   —Bueno, podría haber sido un mosquito en mi brazo. En realidad no era tan grande, pero me está empezando a dar comezón en donde me picó —contestó Jenny.

5   —Trata de no rascarte —dijo la mamá mientras la familia continuaba su camino.

6   Al mediodía, la familia encontró una mesa para el almuerzo entre

unos pinos gigantescos. Pusieron un mantel sobre la mesa y sacaron su almuerzo de la canasta. Se oían las aves cantando. Pequeños animales corrían entre los árboles y se acercaban a la mesa. Dos ardillas se pararon en un tronco caído y observaban a la familia. Después de almorzar, la familia Martin estaba limpiando el área cuando Jenny gritó:

7   —¡Ay! ¡Tengo una astilla enorme en mi dedo! ¡Me duele y no puedo extenderlo!

8   —Vamos a ver —dijo la mamá, corriendo a verla junto con el papá—. Puede ser una astilla de la mesa de madera.

9   —Jenny, esa no es una astilla —dijo el papá al ver el dedo de Jenny—. Es una mancha de chocolate de los pastelitos que comiste.

10   Pronto, Jenny y sus padres estaban de vuelta caminando por el sendero hacia su campamento. Se detuvieron para cortar unas moras. Apenas habían cortado unas cuantas moras cuando Jenny dijo: —¡Papá, hay una serpiente moviéndose entre los arbustos!

11   —¿Esta es la serpiente que viste, Jenny? —le preguntó el papá mientras recogía un pedazo de rama cerca de Jenny.

12   —En verdad parecía una serpiente, papá. Estoy segura de que la vi moverse —explicó Jenny.

13   —Ya apúrense los dos, vámonos al campamento —dijo la mamá.

14   La familia Martin regresó a su campamento. En un sartén pusieron

a freír unas truchas que acababan de pescar. Mientras la mamá y el papá estaban preparando los platos para la cena, Jenny exploró el área. De pronto, Jenny gritó: —¡Mamá, papá! ¡Me tropecé con una estaca de la tienda de campaña y me corté la rodilla! ¡Me está sangrando bastante!

15   —Sí, claro, otra emergencia —dijo el papá mientras le sonreía a la mamá—. Probablemente solo es una pequeña raspadura —dijo entre risas.

16   —Tienes razón —dijo la mamá—. Jenny, en el botiquín de primeros auxilios hay unas banditas. Toma una y póntela en la rodilla.

17   En ese momento el papá vio a Jenny y preocupado, le dijo a la mamá que en realidad Jenny tenía una <u>herida</u> en la rodilla.

18   La familia fue con el doctor del centro de emergencias del parque. Después de unas puntadas, la rodilla de Jenny quedó casi como nueva.

19   Ya en la tienda de campaña esa noche, la mamá, el papá y Jenny hablaron acerca de lo que pasó durante el día. Los papás se pusieron contentos cuando Jenny les dijo que había aprendido una lección. En adelante evitaria <u>exagerar</u>.

1 ¿Cuál es el orden de las exageraciones de Jenny?

Ⓐ Araña, astilla, serpiente

Ⓑ Serpiente, astilla, araña

Ⓒ Astilla, araña, serpiente

Ⓓ Araña, serpiente, astilla

2 ¿Qué palabra tiene un significado similar a la palabra <u>exagerar</u> del párrafo 19?

Ⓕ Recordar

Ⓖ Olvidar

Ⓗ Hablar

Ⓙ Engrandecer

3 ¿Cuál evento se relaciona con la fotografía de Jenny?

Ⓐ El almuerzo en la mesa de madera

Ⓑ La picadura de mosquito

Ⓒ Cortar moras

Ⓓ El viaje al centro de emergencias

4 ¿Por qué la mamá no le da el botiquín de primeros auxilios a Jenny?

Ⓕ Porque Jenny siempre exagera

Ⓖ Porque la mamá está cocinando

Ⓗ Porque el papá necesita la ayuda de la mamá

Ⓙ Porque el botiquín está vacío

5 ¿Qué está haciendo Jenny cuando le pica un mosquito?

Ⓐ Comiéndose el almuerzo

Ⓑ Bebiendo agua

Ⓒ Preparando pescado

Ⓓ Nadando en el arroyo

6 ¿Qué lección puede aprender el lector de "La niña que siempre pedía auxilio"?

Ⓕ Nunca te rindas.

Ⓖ Obedece a tus padres.

Ⓗ Es mejor decir siempre la verdad.

Ⓙ Observa adelante antes de dar el siguiente paso.

7 ¿Qué palabra describe mejor a los padres de Jenny en el párrafo 8?

Ⓐ Tranquilos

Ⓑ Perezosos

Ⓒ Preocupados

Ⓓ Animados

8 Lee esta oración del párrafo 6 de la historia.

> *Al mediodía, la familia encontró una mesa para el almuerzo entre unos pinos gigantescos.*

¿Qué quieren decir las palabras: "pinos gigantescos"?

Ⓕ Árboles con frutas

Ⓖ Árboles sin hojas

Ⓗ Árboles cortos

Ⓙ Árboles altos

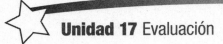
9 ¿Qué significa la palabra <u>herida</u> en el párrafo 17 de la historia?

Ⓐ Unas puntadas

Ⓑ Una pequeña raspadura

Ⓒ Un rasguño pequeño

Ⓓ Una profunda cortada

10 La astilla en el dedo de Jenny es —

Ⓕ una mancha de chocolate

Ⓖ un pedazo de madera

Ⓗ una espina puntiaguda

Ⓙ una mancha de mora

La niña que siempre pedía auxilio

¿Por qué Jenny Martin va al centro de emergencias?

_____

_____

Explica con tus propias palabras cómo exageraba Jenny.

_____

_____

_____

_____

Escribe acerca de una vez que exageraste.

_____

_____

_____

_____

_____

¿Por qué es difícil confiar en algunas personas?

_____

_____

_____

¿Piensas que la gente debe confiar en Jenny en el futuro?

Encierra en un círculo tu respuesta.

| **Sí** | **No** | **Posiblemente** |

Explica tu razonamiento. _____

_____

Imagínate que al principio de la historia Jenny escucha un sonido mientras su familia está dormida en la tienda de campaña. Escribe un párrafo para anotar lo que Jenny podría decirles a sus padres.

_____

_____

_____

_____

¡Motívate! Mike dice: "El argumento es la acción o los eventos desarrollados por los personajes en una historia".

Estación de motivación

A continuación verás algunas palabras que se escriben con un patrón de vocales que se repite, pero estas vocales tienen sonidos diferentes. Lee las siguientes palabras. En cada línea encierra en un círculo las dos palabras cuyas vocales **ue** o **ui** se pronuncian igual.

1. quede	puede	fuerte
2. quizá	ruido	esquiar
3. fluidos	cuidar	quitar
4. bueno	queso	puesto
5. Luis	quien	horquilla
6. quebrar	repuesto	queja
7. juicio	quicio	diluir
8. quepo	puerto	terquedad
9. mantequilla	concluir	quinto
10. ruina	requisito	fuiste

Diario

Escribe acerca de una lección que aprendiste de algún error.

_____

_____

_____

_____

_____

Unidad 17 Tarea

   Había un pastorcillo que vivía en una aldea. Cada día llevaba su rebaño a pastar por las colinas. Por la noche, el joven llevaba las ovejas de regreso al corral. Un día el muchacho gritó: "¡El lobo, el lobo!". Los aldeanos corrieron a ayudarle. Cuando llegaron, el muchacho se reía porque solo les había hecho una broma. Repitió esta misma broma varias veces. A los aldeanos no les parecía nada divertido. Un día, un lobo realmente atacó al rebaño del muchacho. Gritó: "¡el lobo, el lobo!", pero nadie llegó para ayudarle. El lobo se comió varias ovejas del muchacho. El pastorcillo se puso triste y comprendió la importancia de decir la verdad.

1 ¿Qué lección aprendió el pastorcillo?

Ⓐ Puedes contar con los demás para que te ayuden en las dificultades.

Ⓑ Cuando no dices la verdad, las personas no confían en ti.

Ⓒ Los amigos siempre dicen la verdad.

Ⓓ Si ayudas a los demás, demuestras que eres honesto.

2 ¿En qué se parecen los escenarios de "La niña que siempre pedía auxilio" y la fábula?

Ⓕ Los dos ocurren en áreas para acampar.

Ⓖ Los dos ocurren en colinas.

Ⓗ Los dos ocurren cerca de aldeas.

Ⓙ Los dos ocurren en parques.

3 ¿En qué se parecen el final de "La niña que siempre pedía auxilio" y el final de la fábula?

Ⓐ Jenny y el pastorcillo están acampando.

Ⓑ Tanto Jenny como el pastorcillo se lastiman.

Ⓒ Las personas no confían en Jenny ni en el pastorcillo.

Ⓓ Jenny y el pastorcillo no están seguros.

4 Escribe un final distinto para la fábula del pastorcillo.

_____

_____

_____

_____

✂ -

Actividades para los padres

1. Lean fábulas y comente las lecciones con su hijo(a).

2. Escriban una fábula original que enseñe una lección sobre honestidad.

Lee la lectura y escoge la mejor respuesta para cada pregunta.

Un mundo de agua

El agua es un recurso natural

1   Un recurso natural es algo que se encuentra en la naturaleza y que es de <u>utilidad</u> para las personas. Los recursos naturales se usan para satisfacer las necesidades de las personas. Uno de los recursos naturales más importantes es el agua.

El agua es necesaria

2   Todas las personas, las plantas y los animales necesitan agua para vivir y crecer. El agua se usa para beber y para preparar alimentos. Las personas usan agua para lavar sus carros, regar sus jardines y también para nadar.

Se puede conservar el agua

3   Es importante <u>conservar</u> el agua. Los bebés de hoy van a necesitar agua en el futuro. Hay muchas cosas que las personas pueden hacer para ahorrar agua.

4   La mayoría de las personas en Estados Unidos usan aproximadamente 100 galones de agua al día. Algunas veces el agua se desperdicia gota por gota. Si las llaves o las regaderas tienen fugas, las personas deben llamar al plomero para que las reparen.

5   Se puede ahorrar agua lavando el carro en un lavadero de autos. En la casa las personas usan 140 galones de agua para lavar un carro. La cantidad de agua que se usa en un lavadero de autos es de solo 35 galones.

6   Las personas no deben regar demasiado sus jardines. Demasiada agua puede hacer que el agua se encharque. El agua puede escurrirse hacia la calle y desperdiciarse. También se conserva agua si se riega temprano por la mañana.

7   Bañarse rápido también puede ahorrar agua. Las personas pueden usar menos agua cuando se bañan. Se ahorrará agua cerrando la llave del agua al cepillarse los dientes. También se conservará agua si la lavadora y el lavatrastos se usan únicamente con cargas completas.

Ahorrar agua es muy importante

8   Los pequeños ahorros pueden hacer diferencias enormes. Cada gota de agua que se conserva hoy significa que los niños del futuro tendrán suficiente agua. Si solo se usa el agua que se necesita, este recurso natural estará disponible por muchos años más.

1 ¿Cuál oración de la lectura muestra por qué es importante el agua?

Ⓐ *Un recurso natural es algo que se encuentra en la naturaleza y que es de utilidad para las personas.*

Ⓑ *Todas las personas, las plantas y los animales necesitan agua para vivir y crecer.*

Ⓒ *Algunas veces el agua se desperdicia gota por gota.*

Ⓓ *En la casa las personas usan 140 galones de agua para lavar un carro.*

2 ¿Por qué el agua es un recurso natural?

Ⓕ No tiene muchos usos.

Ⓖ Es algo que se puede conservar.

Ⓗ Se encuentra en lagos, ríos y océanos.

Ⓙ Solo puede ayudar a las personas en el futuro.

3 ¿Cuál es la idea principal de la lectura?

Ⓐ Los animales necesitan agua por muchas razones.

Ⓑ Las plantas necesitan agua para crecer.

Ⓒ Un recurso natural es algo que se encuentra en la naturaleza.

Ⓓ El agua tiene muchos usos y debe conservarse.

4 ¿Qué muestran las cuatro fotografías que están debajo del párrafo 2?

Ⓕ Maneras de desperdiciar agua

Ⓖ Maneras de conservar agua

Ⓗ Ubicación del agua

Ⓙ Usos del agua

5 ¿Qué acción sugiere el autor cuando hay fugas de agua?

Ⓐ Encontrar la causa del problema

Ⓑ Lavar el carro en un lavadero de carros

Ⓒ Usar la máquina lavatrastos cuando está llena

Ⓓ Regar el jardín por la mañana

Unidad 18 Evaluación

6 El autor usa subtítulos en esta selección para —

Ⓕ ayudar al lector a conocer las ideas más importantes acerca del agua

Ⓖ explicar al lector por qué es importante conservar el agua

Ⓗ darle ideas al lector para usar los recursos naturales

Ⓙ enseñarle al lector pasos para conservar el agua

7 ¿Por qué el autor escribe esta lectura?

Ⓐ Para responder dudas sobre llaves de agua con fugas

Ⓑ Para convencer a las personas de usar el agua prudentemente

Ⓒ Para describir en dónde pueden encontrar agua las personas

Ⓓ Para explicar cómo se usa el agua para cocinar

8 La palabra conservar en el párrafo 3 significa —

Ⓕ poner junto

Ⓖ dañar

Ⓗ usar cuidadosamente

Ⓙ desperdiciar

9 En el párrafo 1, el sufijo -dad en la palabra utilidad significa —

Ⓐ que lo causa

Ⓑ lo contrario

Ⓒ que tiene

Ⓓ que se repite

10 Lee esta oración.

> Los bomberos dependen del agua para salvar las casas.

¿Debajo de cuál subtítulo se pondría esta oración?

Ⓕ **Se puede conservar el agua**

Ⓖ **El agua es necesaria**

Ⓗ **El agua es un recurso natural**

Ⓙ **Ahorrar agua es muy importante**

 motivation**reading**™NIVEL 2

Un mundo de agua

Conocimiento *i* **Recuerda**

Escribe la palabra correcta en el espacio en blanco para completar esta oración.

_____ es un recurso natural.

Comprensión *i* ✓ **Entiende**

Escribe con tus propias palabras una definición de recurso natural.

_____

_____

_____

Aplicación *i* **Aplica**

Ilustra una manera en que el agua se puede usar o conservar y que no esté incluida en la lectura.

Escribe una oración acerca de tu ilustración. _____

_____

_____

Unidad 18 Razonamiento crítico

Observa las fotografías de "Un mundo de agua". ¿Qué podrían hacer las personas en las fotografías si les dijeran que hay poca agua?

_____

_____

_____

Usa la escala 1, 2 y 3 para calificar la importancia del agua para ti. Encierra en un círculo la calificación que le asignes.

No muy importante   **Importante**   **Muy importante**

1   **2**   **3**

Apoya tu calificación. _____

_____

Escribe las instrucciones para un juego o una actividad original en la cual se use agua.

_____

_____

_____

_____

_____

¡Motívate! **Molly dice:** "Un autor escribe un texto informativo para describir, explicar o informar".

Estación de motivación

En la siguiente sopa de palabras encuentra y encierra en un círculo las palabras del banco de palabras. Busca las palabras vertical y horizontalmente.

Sopa de palabras relacionadas con agua

```
a h s i l d d o w a a f
r a r r o y o n ó c i c
i d f o l a g o m i c o
a e s c a s c a d a r r
c p e é p i s c i n a r
h ó j a a s d a m e t i
u s o n f u e n t e k e
e i m o m k u é h n b n
l t é t l a g u n a d t
o o c e s t a n q u e e
z c a n a l ó l a g u b
m a r c i c h a r c o l
```

Banco de palabras

océano	estanque
fuente	riachuelo
arroyo	depósito
lago	laguna
corriente	cascada
charco	canal
mar	piscina

Diario

Escribe acerca de las maneras en que tu familia conserva el agua.

_____

_____

_____

_____

_____

_____

Unidad 18 Tarea

El agua en la Tierra se mueve siguiendo el <u>ciclo</u> del agua. El agua cae al suelo en forma de lluvia, nieve, granizo o aguanieve. Se acumula en estanques, ríos, corrientes y océanos. Cuando el sol calienta a la Tierra, parte del agua se evapora. El cálido vapor de agua se eleva. Luego se enfría y forma pequeñas gotas de agua que podemos ver como nubes. Esto se conoce como condensación. Las nubes se hacen tan pesadas que ya no pueden retener al agua. El agua cae a la Tierra nuevamente como lluvia, nieve, granizo o aguanieve. El ciclo del agua es la manera en que la naturaleza provee de agua.

1 ¿Cuál es la idea principal del párrafo?
Ⓐ El agua se puede usar en actividades divertidas.
Ⓑ Demasiada lluvia y nieve pueden causar inundaciones.
Ⓒ La contaminación del agua es dañina para los animales.
Ⓓ El agua se mueve de la Tierra a las nubes y de vuelta a la Tierra.

2 El autor escribe este párrafo para —
Ⓕ convencer a los lectores de que estudien el ciclo del agua
Ⓖ describir lo que pasa después de que el agua se evapora
Ⓗ responder preguntas acerca de dónde se encuentra el agua
Ⓙ explicar cómo se mueve el agua en la naturaleza

3 Lee esa oración del párrafo.

> *El agua en la Tierra se mueve siguiendo el <u>ciclo</u> del agua.*

¿Cuál es el significado de la palabra <u>ciclo</u> en esta oración?
Ⓐ Se evapora en el aire.
Ⓑ Cae del cielo.
Ⓒ Tiene eventos repetidos.
Ⓓ Tiene ruedas.

4 Escribe acerca de las actividades que te gusta hacer cuando está lloviendo.

_____

_____

_____

_____

Actividades para los padres

1. Comenten por qué es importante conservar el agua. Hagan una lluvia de ideas acerca de las maneras en que su familia puede conservar agua.

2. Pida a su hijo(a) que complete un diario mostrando los usos diarios del agua.

 motivation**reading**™NIVEL 2 ©2013–2014 mentoring**minds**.com

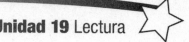

Lee la lectura y escoge la mejor respuesta para cada pregunta.

La prueba de fuego para una joven campesina
Un cuento popular adaptado de "La princesa y el chícharo"

1   Había una vez un granjero
llamado Jed. Él viajó en su camión
a un mercado con la esperanza
de encontrar una mujer con quien
casarse. Vio los <u>puestos</u> de ocra,
chícharos, elotes y sandías. Jed buscó
por todo el mercado una verdadera
jovencita campesina para que fuera

su esposa. Conoció a varias jóvenes solteras que vendían empanadas
de durazno frito. Llevaban trenzas y vestían pantalones vaqueros
y botas. Se veían como muchachas del campo, pero Jed no estaba
seguro. Finalmente, Jed regresó a casa solo con su viejo perro Blue.

2   Varias semanas después, hubo una tormenta con vientos muy
fuertes. El cielo oscuro retumbaba. Blue ladró mucho cuando escuchó
que alguien tocaba a la puerta principal de la casa. Jed abrió la
puerta. Ahí estaba una joven vestida con ropas finas. Llevaba joyas
brillantes y zapatos de tacón alto.

3   —Hola, me llamo Meg. Los fuertes vientos hicieron que mi carro se
saliera del camino. ¿Puedo entrar y quedarme aquí hasta que pase la
tormenta? Esto me recuerda mucho a mi granja.

4   —¿Esta muchacha es campesina? —le dijo Jed a Blue en voz
muy baja mientras abría la puerta para dejar entrar a Meg—. Ya lo
veremos.

5 —Meg, ¿por qué no te sientas aquí en la sala mientras preparo algo para comer? —dijo Jed. Luego salió en silencio por la puerta trasera. Reunió los animales de la granja y los llevó a la casa. Una por una, las gallinas y las vacas desfilaron hacia la sala.

6 Cuando Jed terminó de cocinar tocino, huevos y panecillos, llamó a Meg para cenar. Meg entró a la cocina llevando mantequilla casera y un balde con leche y dijo: —Sabía que ya casi es hora de ordeñar las vacas. Además, pensé que nos caería bien un poco de leche fresca y mantequilla para acompañar esos panecillos —dijo Meg.

7 —Bueno, ¡en realidad eres una muchacha campesina! —exclamó Jed—. Solo una verdadera muchacha campesina sabe ordeñar y hacer mantequilla.

8 Finalmente, Jed había encontrado a la mujer de sus sueños. Jed se casó con Meg y vivieron felices por siempre en la granja con sus vacas, sus gallinas y su viejo perro Blue.

1 ¿Por qué Meg va a la casa en la granja de Jed?

Ⓐ Huele la comida.

Ⓑ No puede manejar en la tormenta.

Ⓒ Quiere leche fresca y mantequilla.

Ⓓ Antes vivía en esa casa.

2 ¿Cuál oración al principio del cuento popular explica por qué Jed está feliz de encontrar a Meg para casarse con ella?

Ⓕ *Vio los puestos de ocra, chícharos, elotes y sandías.*

Ⓖ *Jed buscó por todo el mercado una verdadera jovencita campesina para que fuera su esposa.*

Ⓗ *Conoció a varias jóvenes solteras que vendían empanadas de durazno frito.*

Ⓙ *Llevaban trenzas y vestían pantalones vaqueros y botas.*

3 ¿Qué pasa mientras Jed está preparando la cena?

Ⓐ Meg duerme una siesta.

Ⓑ Meg hornea unos panecillos caseros.

Ⓒ Meg ordeña una vaca y bate mantequilla.

Ⓓ Meg va al establo a ordeñar la vaca.

4 ¿Por qué Jed permite que los animales entren a la casa?

Ⓕ Para saber si Meg sabe de animales

Ⓖ Para saber si Meg puede cocinar comida del campo

Ⓗ Para proteger a los animales durante la tormenta

Ⓙ Para evitar que Meg entre a la cocina

5 ¿Cuál es el significado de la palabra puestos como se usa en el párrafo 1 del cuento?

Ⓐ Persona bien vestida

Ⓑ Lugares

Ⓒ Empleos

Ⓓ Tiendas de un mercado

6 ¿Qué puede aprender el lector de este cuento popular?

Ⓕ Cuando tratas de complacer a todos, no complaces a nadie.

Ⓖ Si quieres que el trabajo esté bien hecho, hazlo tú.

Ⓗ No juzgues a las personas por su aspecto.

Ⓙ Aprendemos de los errores de otros.

7 ¿Qué hace a Jed pensar que Meg no pasará la prueba para saber si es una verdadera muchacha campesina?

Ⓐ Meg lleva puesta ropa lujosa.

Ⓑ Meg les tiene miedo a los animales.

Ⓒ Meg lleva trenzas en el cabello.

Ⓓ Meg está asustada por la tormenta.

8 ¿Cuál palabra o palabras ayudan a comprender la fotografía junto al párrafo 1?

Ⓕ *a la casa*

Ⓖ *jóvenes solteras*

Ⓗ *hacia la sala*

Ⓙ *mercado*

9 ¿Cuál oración del cuento popular corresponde mejor a la fotografía debajo del párrafo 8?

Ⓐ *Finalmente, Jed había encontrado a la mujer de sus sueños.*

Ⓑ *Bueno, ¡en realidad eres una muchacha campesina! — exclamó Jed.*

Ⓒ *Jed se casó con Meg y vivieron felices por siempre en la granja con sus vacas, sus gallinas y su viejo perro Blue.*

Ⓓ *Esto me recuerda mucho a mi granja.*

10 Lee la oración del párrafo 2 del cuento popular.

El cielo oscuro retumbaba.

¿Cuál es el significado de esta oración?

Ⓕ La tormenta trajo relámpagos.

Ⓖ La tormenta trajo truenos.

Ⓗ La tormenta trajo lluvia.

Ⓙ La tormenta trajo viento.

La prueba de fuego para una joven campesina

¿En dónde espera Jed encontrar esposa?

_____

Describe con tus propias palabras a Jed.

_____

_____

_____

_____

Escribe acerca de una vez que estuviste a prueba.

_____

_____

_____

_____

Unidad 19 Razonamiento crítico

Explica por qué una persona podría elegir vivir en una granja.

_____

_____

_____

_____

¿Piensas que fue justo que Jed pusiera a prueba a Meg?

Encierra en un círculo tu respuesta. **Sí** **No**

Explica tu razonamiento. _____

_____

_____

Haz una receta usando comida que puedes encontrar en un mercado.

_____

_____

_____

_____

motivation**reading**™NIVEL 2

¡Motívate! Mike dice: "El tema de una historia es a menudo la lección que aprende uno de los personajes".

Estación de motivación

Una de las cuatro palabras en cada grupo no es del mismo grupo que las otras tres palabras. Encierra la palabra que no es del mismo grupo. Escribe una palabra que muestre lo que las otras palabras tienen en común. Se da un ejemplo.

Ejemplo: maíz, ejotes, zanahorias, (semillas) _____*vegetales*_____

1. vaca, elefante, gallina, puerco _____

2. cuerda, pantalones, vestido, camisa _____

3. girasol, arroz, margarita, rosa _____

4. tocino, huevo, pan, sartén _____

5. cereza, manzana, sándwich, ciruela _____

6. tractor, bota, camión, carro _____

7. tulipán, pala, rastrillo, martillo _____

8. raíz, tallo, hoja, pie _____

Diario

Escribe acerca de una vez que te sorprendió una tormenta.

_____

_____

_____

_____

Unidad 19 Tarea

Había una vez una mamá pata que puso seis huevos. Un día descubrió un séptimo huevo. El huevo nuevo se abrió y salió un bebé que no se parecía a los otros patitos. Estaba triste porque era diferente de sus hermanos y hermanas. El pájaro se escapó para encontrar a otros pájaros como él. Un día, vio pájaros con grandes alas, picos amarillos y cuellos largos. De pronto, se fueron volando hacia el sur para pasar el invierno. Durante los meses fríos, el pájaro buscó comida y amigos. Cuando la nieve se derritió, el pájaro vio su <u>reflejo</u> en el agua. Entonces supo que era como los pájaros que había visto en el otoño. Cuando vio una bandada de pájaros, se les unió. Los pájaros dijeron: "Eres un excelente y hermoso cisne". El cisne estaba contento de saber lo que era en realidad.

1 ¿Qué significa la palabra <u>reflejo</u> como se usa en el párrafo?

Ⓐ Familia

Ⓑ Imagen

Ⓒ Pensamiento

Ⓓ Ala

2 ¿Cuál es la lección de este cuento popular?

Ⓕ Sé siempre amigable.

Ⓖ Trata de ser como los demás.

Ⓗ Siéntete orgulloso de ser quien eres.

Ⓙ Aléjate de los problemas.

3 ¿Cuál es el problema en este cuento popular?

Ⓐ El pájaro no se siente parte de su familia.

Ⓑ Los hermanos y hermanas del ave son malos con él.

Ⓒ El pájaro fue el último en salir del huevo.

Ⓓ El pájaro tiene un cuello muy largo.

4 Escribe acerca de una vez que te sentiste diferente de los demás.

_____

_____

✂ -

Actividades para los padres

1. Lean fábulas y cuentos populares familiares. Ayude a su hijo(a) a escribir una fábula o un cuento original.

2. Hable con su hijo(a) acerca de una vez que usted enfrentó un desafío y aprendió una lección de esa experiencia.

motivation**reading**™NIVEL 2

Lee la lectura y escoge la mejor respuesta para cada pregunta.

De renacuajos a ranas

1   Todos los animales tienen ciclos de vida. El ciclo de vida de una rana comienza cuando una hembra pone en el agua miles de huevos cubiertos por una membrana <u>gelatinosa</u>. De los huevos salen pequeños renacuajos.

2   Los renacuajos viven en el agua y respiran por medio de sus branquias. No tienen patas. Usan sus colas para nadar. Al crecer los renacuajos, aparecen sus patas traseras y sus colas comienzan a encogerse. Los renacuajos se convierten en ranas jóvenes.

3   Las ranas jóvenes continúan su desarrollo. Les salen las patas delanteras y se parecen más a las ranas adultas. Entonces comienzan a formarse los pulmones de las ranas jóvenes. La cola se les encoge aún más. Los ojos y la boca de las ranas jóvenes crecen.

4   Las ranas jóvenes se convierten en ranas cuando ya tienen cuatro patas y respiran por los pulmones. Se les desaparece la cola. Se suben a las rocas o las ramas para salir del agua y respirar. El ciclo de vida de una rana comienza nuevamente cuando una rana adulta pone huevos.

5   En la siguiente investigación las ranas van desarrollándose de huevos a renacuajos, a ranas jóvenes y a ranas.

El ciclo de vida de las ranas

Propósito

El propósito de esta investigación es observar el ciclo de vida de las ranas.

Materiales

- pecera
- agua
- rocas pequeñas o un pedazo de madera
- comida para pez dorado
- huevos de rana

Procedimiento

Paso 1: Preparar la pecera
- Agregar un galón de agua
- Agregar rocas o un pedazo de madera

Paso 2: Comprar huevos de rana en una tienda de materiales científicos o una tienda de mascotas

Paso 3: Colocar los huevos en la pecera

Paso 4: Observar a los renacuajos salir de los huevos

Paso 5: Alimentar a los renacuajos con varias pizcas de alimento dos veces al día

Paso 6: Anotar toda observación que hagas durante quince semanas en la tabla correspondiente

Conclusión

El ciclo de vida de la rana muestra cómo se desarrollan las ranas. Los huevos se rompen y salen los renacuajos. Les salen patas a los renacuajos, tienen cola y nadan. Los renacuajos se convierten en ranas jóvenes y les salen las patas delanteras. Su cola desaparece. Las ranas jóvenes se convierten en ranas adultas.

 motivation**reading**™NIVEL 2

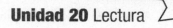

6 La siguiente tabla muestra las posibles observaciones hechas durante la investigación.

Tabla de observaciones	
Semana	**Observación**
Semana 1	Los huevos en la pecera.
Semana 2	Los huevos parecen gelatina.
Semana 3	Los renacuajos salen de los huevos.
Semana 4	Los renacuajos nadan para comenzar a comer.
Semana 5	Los renacuajos nadan juntos.
Semana 6	Les comienzan a salir patas a los renacuajos.
Semana 7	Los renacuajos se ven más grandes.
Semana 8	Aparecen protuberancias en donde les saldrán las patas delanteras.
Semana 9	Los renacuajos tienen cola larga.
Semana 10	Los renacuajos están creciendo.
Semana 11	La cola está más corta y los renacuajos se convierten en ranas jóvenes.
Semana 12	Los ojos y la boca se ven más grandes.
Semana 13	Las ranas jóvenes siguen creciendo.
Semana 14	Las colas de las ranas jóvenes desaparecen.
Semana 15	Las ranas están completamente desarrolladas.

1 Una rana tiene una cola larga y branquias cuando es —

Ⓐ huevo

Ⓑ renacuajo

Ⓒ rana joven

Ⓓ rana adulta

2 ¿Qué característica del texto usa el autor para mostrar los materiales necesarios para la investigación?

Ⓕ Palabras subrayadas

Ⓖ Números

Ⓗ Palabras en negritas

Ⓙ Puntos de entrada

3 ¿Por qué se necesitan rocas o un pedazo de madera en la pecera?

Ⓐ Para que las ranas puedan respirar aire

Ⓑ Para construir un área de alimentación para las ranas

Ⓒ Para proveer un escondite para las ranas

Ⓓ Para crear un área tibia para las ranas

4 El sufijo -*ción* en la palabra observación en el **paso 6** de la investigación hace que la palabra signifique —

Ⓕ paso para observar

Ⓖ acto de observar

Ⓗ tipo de observación

Ⓙ tiempo para observar

5 ¿Cuál es el tema del párrafo 2?

Ⓐ Ranas

Ⓑ Ranas jóvenes

Ⓒ Renacuajos

Ⓓ Huevos

6 La tabla de observaciones muestra —

Ⓕ los tamaños de las ranas

Ⓖ el número de huevos que eclosionan

Ⓗ los momentos en que cambian las ranas

Ⓙ los pasos importantes de la investigación

7 ¿Por qué escribe el autor "De renacuajos a ranas"?

Ⓐ Para informar a los estudiantes la importancia de las ranas

Ⓑ Para convencer a los estudiantes de continuar la investigación sobre las ranas

Ⓒ Para describir a las ranas adultas

Ⓓ Para explicar el ciclo de vida de las ranas

8 ¿Cómo apoya la ilustración a la investigación?

Ⓕ La ilustración muestra cómo puede verse la pecera al principio de la investigación.

Ⓖ La ilustración muestra el tamaño de la pecera que se debe usar en la investigación.

Ⓗ La ilustración muestra el tipo de agua necesaria en la pecera para la investigación.

Ⓙ La ilustración muestra cómo puede verse la pecera al final de la investigación.

9 ¿Cuál es el significado del sufijo -*osa* en la palabra <u>gelatinosa</u> en el párrafo 1?

Ⓐ Grande

Ⓑ Cualidad de

Ⓒ Acción de

Ⓓ De manera

10 ¿En qué semana tienen la cola larga los renacuajos?

Ⓕ Semana 6

Ⓖ Semana 9

Ⓗ Semana 10

Ⓙ Semana 15

motivation**reading**™ NIVEL 2

De renacuajos a ranas

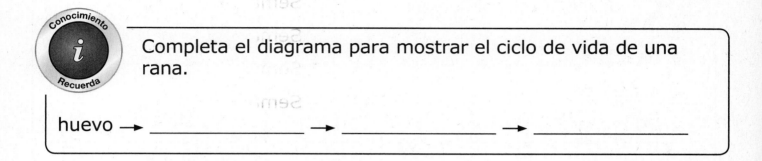

Completa el diagrama para mostrar el ciclo de vida de una rana.

huevo → _____ → _____ → _____

Explica con tus propias palabras las observaciones de la tabla.

_____

_____

_____

_____

Escribe acerca de una vez que observaste algo que estaba cambiando.

_____

_____

_____

_____

_____

Unidad 20 Razonamiento crítico

Explica qué sería diferente en la vida de una rana si nunca desarrollara pulmones.

_____

_____

_____

¿Cuál parte del ciclo de vida de una rana te parece más interesante?

Encierra en un círculo tu respuesta.

huevo   renacuajo   rana joven   rana

Apoya tu respuesta. _____

_____

Escribe en las burbujas los pensamientos de cada parte del ciclo de vida de la rana.

motivation**reading**™NIVEL 2

¡Motívate! Molly dice: "Un sufijo es una letra o grupo de letras que se agregan al final de la palabra".

Estación de motivación

Dibuja una línea para conectar la cría de animal con el animal adulto que le corresponde.

1. renacuajo	gallina
2. osezno	mariposa
3. chivato	cabra
4. potro	rana
5. cachorro	vaca
6. oruga	paloma
7. pollo	oso
8. pollino	perro
9. becerro	caballo
10. pichón	burro

¿Cuál es tu cría de animal favorito? _____

Diario

Escribe acerca de una vez que algo cambió en tu vida.

_____

_____

_____

_____

_____

Unidad 20 Tarea

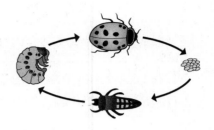

La rana no es el único animal que cambia durante su vida. Insectos como las mariquitas también tienen ciclos de vida. Hay cuatro <u>etapas</u> en el ciclo de vida de una mariquita. Los pasos son huevo, larva, pupa y etapa adulta. La hembra de la mariquita pone los pequeños huevos sobre las hojas. De tres a cinco días después salen las larvas de los huevos. Las larvas tienen seis patas y cuerpos largos. Esta etapa dura de dos a cuatro semanas. Las larvas pierden su piel y se convierten en pupas. La etapa de la pupa dura entre cinco y siete días antes de que la pupa se convierta en una mariquita adulta.

1 ¿Qué palabra del párrafo tiene el mismo significado que la palabra <u>etapas</u>?

Ⓐ *Insectos*

Ⓑ *pasos*

Ⓒ *vida*

Ⓓ *días*

2 ¿Qué etapa no es parte del ciclo de vida de una mariquita?

Ⓕ Huevo

Ⓖ Pupa

Ⓗ Renacuajo

Ⓙ Larva

3 Lee la tabla.

> • Las hembras de las mariquitas ponen huevos.
>
> • _____
>
> • Se forman las pupas.
>
> • Las pupas se hacen adultas.

¿Qué opción debe ir en el espacio en blanco?

Ⓐ Les salen patas a las pupas.

Ⓑ Las adultas pierden la piel.

Ⓒ Aparecen las mariquitas.

Ⓓ Las larvas salen de los huevos.

4 Escribe una oración que resuma la información del diagrama.

_____

_____

✂ -

Actividades para los padres

1. Pida a su hijo(a) que observe fotografías de su infancia hasta el presente. Comenten los cambios observados.

2. Usen fuentes digitales o impresas para investigar los ciclos de vida de insectos o anfibios.

 motivation**reading**™NIVEL 2

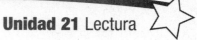
Lee la lectura y escoge la mejor respuesta para cada pregunta.

Revista Una Mirada a la Ciencia

Noticias mensuales para estudiantes de ciencias

Volumen 3, número 3   *1º de marzo*

Sobreviviente al estilo animal

por Sam Gooden, redactor

1   ¿Te sorprendería ver a un oso polar en el desierto? ¿Te imaginas a un loro viviendo en el Polo Norte? Estas imágenes parecerían extrañas. Estos animales son incapaces de vivir en estos lugares. Sus cuerpos no tienen las características especiales necesarias para sobrevivir en estas áreas.

2   Los peces tienen branquias y aletas. Estas características les permiten sobrevivir en un hábitat acuático. Las branquias ayudan a los peces a respirar debajo del agua. Las aletas ayudan a los peces a mantener el equilibrio y a moverse en el agua. Algunos peces tienen colores especiales. Estos colores ayudan a los peces a esconderse en las plantas, arena o rocas, para que estén seguros.

Un pez tiene branquias y aletas para ayudarle a sobrevivir en su hábitat acuático.

3   Los animales del desierto tienen características que les permiten vivir en lugares calientes y secos. Muchos de estos animales escarban o se esconden en el suelo arenoso para mantenerse más frescos. Cazan por las noches para obtener alimento. Los animales del desierto a menudo son capaces de vivir sin beber agua por largos periodos de tiempo. Estos animales obtienen agua de las plantas del desierto, como los cactus.

El pelaje blanco de un zorro ártico lo ayuda a esconderse de sus enemigos.

4 Los animales que viven en lugares fríos tienen características especiales, por ejemplo, un pelaje grueso. Este pelaje mantiene a los animales cálidos en las temperaturas frías. Algunos animales de lugares fríos tienen un pelaje que cambia de color poniéndose blanco durante el invierno. Este pelaje especial les ayuda a pasar desapercibidos en la nieve y encontrar su alimento.

5 Las aves tienen características especiales según el lugar donde viven o según lo que comen. La forma del pico de las aves determina el tipo de alimento que comen. Las aves que comen carne tienen un pico con punta en forma de gancho para poder arrancar la carne. Las aves que comen semillas y granos tienen un pico afilado y puntiagudo para abrir las semillas. Las patas de las aves también les ayudan. Las aves acuáticas tienen patas palmeadas que les permiten nadar en el agua. Las aves que se posan sobre las ramas tienen patas que pueden agarrarse con fuerza para no caerse. La mayoría de los patos, gansos y garzas emigran o se van a lugares más cálidos para pasar el invierno. Estas adaptaciones ayudan a las aves a sobrevivir.

Las aves emigran para sobrevivir a las temperaturas frías.

6 Piensa en los animales que viven en tu área. ¿Qué características especiales les permiten sobrevivir?

motivation**reading**™NIVEL 2

1 ¿Cuál es la idea principal de este artículo?

Ⓐ La mayoría de los animales vive en hábitats similares.

Ⓑ Muchos animales tienen pelaje grueso.

Ⓒ Los animales tienen características que les ayudan a sobrevivir.

Ⓓ La mayoría de los animales vive en el desierto.

2 ¿Por qué los peces tienen branquias y aletas?

Ⓕ Para ayudarles a vivir en el agua

Ⓖ Para ayudarles a encontrar comida

Ⓗ Para ayudarles a sentirse seguros

Ⓙ Para ayudarles a moverse rápido

3 Lee esta oración del párrafo 1 del artículo.

> *Estos animales son incapaces de vivir en estos lugares.*

¿Qué significa el prefijo *in-* en la palabra incapaces?

Ⓐ Mediante

Ⓑ No

Ⓒ Antes

Ⓓ Dentro

4 Lee esta oración del párrafo 1 del artículo.

> *Sus cuerpos no tienen las características especiales necesarias para sobrevivir en estas áreas.*

¿Cuál palabra del artículo tiene un significado similar al de la palabra sobrevivir?

Ⓕ *comen*

Ⓖ *viven*

Ⓗ *van*

Ⓙ *cazan*

5 ¿Para qué escribe este artículo el autor?

Ⓐ Para describir cómo las branquias y las aletas ayudan a los peces a sobrevivir en hábitats acuáticos

Ⓑ Para convencer al lector de estudiar a los animales que viven en los polos

Ⓒ Para entretener al lector con historias de animales

Ⓓ Para explicar las características de algunos animales

6 ¿Qué característica del texto le ayuda al lector a comprender cuándo se publicó el artículo?

Ⓕ El volumen

Ⓖ El pie de foto

Ⓗ El título

Ⓙ La fecha

7 ¿Por qué los animales del desierto se entierran en la arena?

Ⓐ Para refrescarse

Ⓑ Para calentarse

Ⓒ Para encontrar comida

Ⓓ Para esconderse de sus enemigos

8 ¿Qué información ayuda a comprender las fotografías y los pies de foto?

Ⓕ Cómo usan los animales sus características para encontrar comida

Ⓖ Cómo usan los animales sus características para mantenerse calientes

Ⓗ Cómo usan los animales sus características para sobrevivir en sus hábitats

Ⓙ Cómo usan los animales sus características para encontrar refugio para sus crías

9 ¿Por qué algunas aves tienen picos con la punta en forma de gancho?

Ⓐ Para comer semillas

Ⓑ Para tomar agua

Ⓒ Para arrancar la carne

Ⓓ Para seleccionar la comida

10 ¿De qué trata principalmente el párrafo 3?

Ⓕ Los animales del desierto pueden vivir sin agua.

Ⓖ Los animales del desierto sobreviven en lugares calientes y secos gracias a sus características.

Ⓗ Los animales del desierto pueden dormir en la arena.

Ⓙ Los animales del desierto tienen un pelaje grueso que les mantiene frescos.

Sobreviviente al estilo animal

¿En qué les ayudan las patas palmeadas a los pájaros?

_____

_____

Explica el significado de la palabra *características*.

_____

_____

_____

Escribe acerca de características que tienes que te ayudan a sobrevivir en tu hábitat.

_____

_____

_____

_____

Unidad 21 Razonamiento crítico

Usa el diagrama de Venn para escribir las semejanzas y diferencias entre los animales del desierto y los acuáticos.

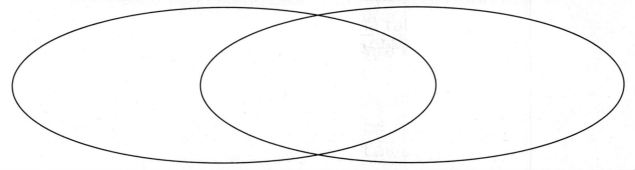

Animales del desierto   **Animales acuáticos**

¿Cuál característica piensas que es la más importante para ayudar a un animal a sobrevivir?

_____

Explica tu razonamiento. _____

_____

_____

Imagínate que los osos polares no tuvieran pelaje grueso. ¿Qué podrías inventar para que no tengan frío? Explica tu invento.

_____

_____

_____

_____

motivation**reading**™NIVEL 2

¡**Motívate! Mike dice:** "La idea principal es el pensamiento más importante en un texto".

Estación de motivación

Lee los tipos de animales en el recuadro. Encierra en un círculo el tipo de animal que está escondido en cada una de las oraciones debajo del recuadro.

~~camello~~	panda	perro	ballena	abeja
oso	búho	vaca	gato	

Ejemplo: *Con esa salsa rica me lloran los ojos.*

1. Fuimos de vacaciones a la casa de la abuela.

2. La piscina estaba llena y no pudimos nadar.

3. Rocío solo quiere ayudarnos a reciclar.

4. Todo lo que diga Tomás deberá comprobarlo.

5. Es bueno que sepan dar y compartir con los demás.

6. Esos animales comen bambú, hojas y algunas frutas.

7. ¡Destruye todo, solo sabe romper, romper y romper!

8. Probé comida griega, árabe, japonesa e italiana.

Diario

Escribe acerca de una vez que encontraste a un animal escondiéndose en su hábitat.

_____

_____

_____

_____

Unidad 21 Tarea

El insecto palo usa camuflaje para esconderse. Este insecto parece un palo o una ramita con antenas y patas. Estas características protegen al insecto de otros animales que podrían comérselo. El insecto palo vive en arbustos o en árboles pequeños. Puede cambiar de color para confundirse con su medio ambiente. El insecto palo es nocturno. Por la noche come tallos de plantas. Este insecto no se mueve muy seguido. Cuando camina, el insecto palo se balancea como un tallo que mueve el viento. Cuando está en peligro, puede fingir que está muerto o rociar un líquido de olor desagradable. El insecto palo se esconde de sus enemigos en el paisaje a su alrededor.

1 ¿Por qué usa camuflaje el insecto palo?

Ⓐ Para esconderse

Ⓑ Para encontrar comida

Ⓒ Para pegarse a las ramas

Ⓓ Para rociar un líquido de olor desagradable

2 ¿Qué puede dañar a un insecto palo?

Ⓕ Un mal olor

Ⓖ Un árbol muerto

Ⓗ Un tallo que se mueve

Ⓙ Un animal más grande

3 ¿Cuál es la idea principal del párrafo?

Ⓐ El insecto palo es un animal extraordinario.

Ⓑ El insecto palo come plantas.

Ⓒ Las características del insecto palo le ayudan a sobrevivir.

Ⓓ El color del insecto palo le ayuda a vivir en árboles pequeños.

4 Menciona a otro animal y una característica que usa para protegerse.

_____

_____

Actividades para los padres

1. Usen fuentes impresas o digitales para aprender acerca de las adaptaciones de los animales en su área geográfica.

2. Ayude a su hijo(a) a hacer un dibujo de un hábitat con animales escondidos.

3. Visiten un zoológico virtual en la Internet para descubrir más características de animales.

 motivation**reading**™NIVEL 2

Lee la lectura y escoge la mejor respuesta para cada pregunta.

Noticias del Zoológico
Noticias del Zoológico de la Ciudad de Curtis

1° de junio   Volumen 5, número 6

¿Qué hay de ñu-evo en el zoológico?

por Tammy Stevens, redactor

1   Los guardianes del zoológico de la Ciudad de Curtis están muy ocupados cuidando al animal más reciente. Es un pequeño ñu que nació la mañana del 8 de mayo.

2   Algunas personas piensan que el ñu no es un animal bonito. Parece una combinación de vaca y caballo. Pero todos en el zoológico piensan que este es un bebé hermoso.

3   En estado salvaje, los ñus viven en África en llanuras cubiertas de pasto. Los ñus pertenecen a la misma familia de las vacas y las cabras. Los ñus adultos comen pasto y otras plantas. <u>Migran</u> de un lugar a otro buscando comida y agua.

4   Cuando nacen los ñus, pueden caminar y correr en una hora. Esto les ayuda a escapar de los leones, los guepardos y otros animales que podrían cazarlos como presa.

5   La madre ñu, de nombre Ñancy, no ha permitido que los trabajadores del zoológico se acerquen a su cría. El jefe del zoológico, Scott Daniels, dice que "la cría parece pesar unas

120 libras. Esto es normal para un ñu recién nacido. Hasta el momento, podemos decir que es una cría saludable. Tendremos más información en unas pocas semanas".

6 El zoológico anunció un concurso para ponerle nombre al ñu recién nacido. Para entrar al concurso, escribe en una tarjeta postal el nombre que deseas ponerle al ñu y envíala a la siguiente dirección:

Un nombre para el ñu
Box 555
Curtis, SC 29684

7 La persona ganadora del concurso recibirá un pase anual para visitar el zoológico gratuitamente. Todas las propuestas deberán recibirse para el 30 de julio. El 15 de agosto se anunciará a la persona ganadora del concurso "Un nombre para el ñu".

1 ¿Cuál oración muestra por qué los ñus deben poder caminar y correr a la hora de nacidos?

Ⓐ *Los guardianes del zoológico de la Ciudad de Curtis están muy ocupados cuidando al animal más reciente.*

Ⓑ *En estado salvaje, los ñus viven en África en llanuras cubiertas de pasto.*

Ⓒ *Parece una combinación de vaca y caballo.*

Ⓓ *Esto les ayuda a escapar de los leones, los guepardos y otros animales que podrían cazarlos como presa.*

2 ¿Cuál es la idea principal del artículo?

Ⓕ Los ñus parecen una combinación de vaca y caballo.

Ⓖ Los ñus pueden vivir en África en llanuras con pasto.

Ⓗ En el zoológico de la Ciudad de Curtis nació un ñu.

Ⓙ El zoológico de la Ciudad de Curtis tiene un concurso para ponerle nombre al ñu recién nacido.

3 ¿Cuál característica del texto ayuda al lector a saber cuál es el tema del artículo?

Ⓐ El título del artículo

Ⓑ La fecha del artículo

Ⓒ El nombre de la revista

Ⓓ El nombre del redactor

4 Lee esta oración del párrafo 3 del artículo.

> *Migran de un lugar a otro buscando comida y agua.*

¿Qué significa la palabra migran en esta oración?

Ⓕ Beben

Ⓖ Viajan

Ⓗ Viven

Ⓙ Comen

5 ¿Por qué posiblemente Ñancy no permite que los trabajadores del zoológico se acerquen a su cría?

Ⓐ La cría de ñu está enferma.

Ⓑ Ñancy está protegiendo a su cría.

Ⓒ El ñu no sabe caminar.

Ⓓ Ñancy tiene miedo de los trabajadores del zoológico.

6 ¿Por qué escribió este artículo Tammy Stevens?

Ⓕ Para comunicar noticias del zoológico

Ⓖ Para animar a las personas a visitar el zoológico

Ⓗ Para convencer a las personas de cuidar a los animales salvajes

Ⓙ Para describir el nacimiento del bebé ñu

7 ¿Por qué algunas personas piensan que los ñus son animales feos?

Ⓐ Los ñus tienen patas largas y flacas.

Ⓑ Los ñus tienen barbas peludas.

Ⓒ Los ñus parecen una combinación de vaca y caballo.

Ⓓ Los ñus parecen una combinación de leones y guepardos.

8 ¿Por qué podría llamarse Ñancy la madre del ñu?

Ⓕ Porque Ñancy significa animal africano

Ⓖ Porque Ñancy y ñu comienzan con la misma letra

Ⓗ Porque Ñancy es el nombre de la persona que cuida a los ñus

Ⓙ Porque Ñancy es el nombre del país en donde viven los ñus en su estado salvaje

9 ¿Por qué el escritor incluyó una fotografía del ñu en el artículo?

Ⓐ Para ayudar al lector a identificar el zoológico de la Ciudad de Curtis

Ⓑ Para ayudar al lector a describir el trabajo de un reportero

Ⓒ Para ayudar al lector a saber en qué se parecen una bestia salvaje y un ñu

Ⓓ Para ayudar al lector a saber cómo se ven un ñu y su madre.

10 ¿Qué es lo primero que debe hacer una persona para entrar al concurso "Un nombre para el ñu"?

Ⓕ Recoger un formulario de participación en el zoológico de la Ciudad de Curtis

Ⓖ Enviar por correo su propuesta después del 15 de agosto

Ⓗ Escribir el nombre para el ñu en una tarjeta postal

Ⓙ Enviar la tarjeta postal a: Box 555 Curtis, SC 29684

motivation**reading**™NIVEL 2

¿Qué hay de ñu-evo en el zoológico?

¿Cómo se llama el jefe del zoológico en la Ciudad de Curtis?

_____

Explica con tus propias palabras cómo entrar al concurso "Un nombre para el ñu".

_____

_____

_____

Escribe acerca de una vez que le pusiste nombre a alguien o a algo.

_____

_____

_____

Unidad 22 Razonamiento crítico

Haz una lista de las ventajas y desventajas de tener a los animales en zoológicos.

Ventajas	Desventajas

¿Piensas que "combinación de vaca y caballo" es una buena descripción del ñu?

_____

Explica tu razonamiento. _____

_____

_____

_____

Haz un plan nuevo para ponerle nombre al ñu.

_____

_____

_____

_____

_____

motivation**reading**™NIVEL 2

Estación de motivación

¡Motívate! Molly dice: "Un hecho es algo que puede probarse que es verdadero".

Algunas veces, las letras *u* y *h* son mudas, es decir, no se pronuncian al leer la palabra. Lee las siguientes palabras. Encierra en un círculo todas las letras *u* y *h* que no se pronuncian.

chorizo	hormiga	guepardo	güero
queso	chocolate	quitar	guitarra
pingüino	mucho	alcohol	hacer
quince	guacamole	hora	chorro

Diario

Escribe acerca de alguna vez en que entraste a un concurso.

_____

_____

_____

_____

_____

_____

_____

Unidad 22 Tarea

Hay distintos tipos de trabajo en los zoológicos. El director del zoológico es <u>responsable</u> de que el zoológico sea un lugar agradable para visitar. Esta persona contrata a otros trabajadores y les da lo que necesitan para hacer su trabajo. Los guardianes de los zoológicos son personas que cuidan a los animales. Estos trabajadores deben preparar la comida para los animales todos los días. Tienen que limpiar las áreas en donde viven los animales. Los guardianes son responsables de proveer un hogar seguro y feliz a los animales. Los veterinarios trabajan en zoológicos para ayudar a los animales a estar saludables. Los maestros que trabajan en los zoológicos comparten información acerca de los animales con los niños y otros visitantes. Los animales en los zoológicos necesitan personas que atiendan sus muchas necesidades.

1 La palabra <u>responsable</u> en este párrafo significa —

Ⓐ a cargo de

Ⓑ cansado de

Ⓒ estar contento con

Ⓓ descontento con el trabajo

2 ¿Quién ayuda a los animales en el zoológico a estar saludables?

Ⓕ Maestros

Ⓖ Visitantes

Ⓗ Directores del zoológico

Ⓙ Veterinarios

3 ¿Por qué podría haber diferentes tipos de trabajadores en los zoológicos?

Ⓐ Porque los animales necesitan expertos que los entrenen

Ⓑ Porque los animales tienen muchas necesidades

Ⓒ Porque los animales necesitan diferentes tipos de alimento

Ⓓ Porque los animales disfrutan trabajar con distintas personas

4 ¿Es importante que haya maestros trabajando en el zoológico? Explica tu respuesta.

_____

_____

Actividades para los padres

1. Usen fuentes impresas o digitales para aprender acerca de trabajos en los zoológicos.

2. Visiten un zoológico local. Hagan una entrevista a un trabajador del zoológico. Ayude a su hijo(a) a preparar preguntas antes de la entrevista.

 motivation**reading**™NIVEL 2

Lee la lectura y escoge la mejor respuesta para cada pregunta.

Un entrenador ganador

1   Mi tío John y yo somos fanáticos del equipo de futbol americano de los Vaqueros de Dallas. Nos ponemos la camiseta de los Vaqueros y vemos los juegos por televisión. Mi tío John me cuenta historias del entrenador Tom Landry. El señor Landry fue el primer entrenador de los Vaqueros de Dallas. Mi tío describe a Tom Landry como un hombre honorable. Me explica que los aficionados y los jugadores respetaban al entrenador Landry. Los Vaqueros ganaron muchos partidos y llegaron a conocerse como "el equipo de Estados Unidos" cuando Tom Landry era su entrenador.

2   El sábado pasado, mi tío John me dio una sorpresa. Fuimos a una exhibición acerca de los entrenadores de futbol americano en Texas. Comenzamos nuestro recorrido en la sección de Tom Landry. Noté que cerca de la fotografía de Tom Landry había una camiseta del equipo de la Universidad de Texas en Austin, un sombrero y medallas del ejército. Me pregunté por qué esos objetos estaban ahí. Oprimí el botón para escuchar una grabación de la biografía del entrenador Landry.

OPRIMA EL BOTÓN PARA ESCUCHAR LA HISTORIA DE TOM LANDRY.

3   Thomas Wade Landry nació el 11 de septiembre de 1924. Sus padres eran Ray y Ruth Landry. Su familia vivió en Mission, Texas. El padre de Tom era mecánico de automóviles y jefe del Departamento de Bomberos de la ciudad. Tom fue el segundo de cuatro hijos. Compartía su cuarto con sus hermanos y su hermana en el ático de su casa.

4   Tom era un muchacho tímido que sacaba excelentes calificaciones en la escuela. Era estrella del equipo de futbol americano de su escuela secundaria en Mission. Cuando estaba en su último año, el equipo de Tom ganó todos los partidos.

5   Tom asistió a la Universidad de Texas y jugó futbol americano para su equipo. Salió de la universidad y sirvió en el ejército durante la Segunda Guerra Mundial. Tom Landry fue piloto de un B-17. Ese era uno de los trabajos más <u>peligrosos</u> en el ejército.

Bombardero de la Segunda Guerra Mundial

6   Tom Landry regresó a la Universidad de Texas en 1945. Jugó futbol americano hasta que se graduó de la universidad. Al señor Landry le ofrecieron trabajo como jugador de futbol americano para los Yanquis de Nueva York. Los Yanquis le pagaron al señor Landry un bono por entrar al equipo. Durante ese año, Tom se casó con su novia de la universidad, Alicia Wiggs. Después de un año con los Yanquis, los Gigantes de Nueva York contrataron a Tom Landry como jugador y entrenador.

7   En 1960, el señor Landry comenzó a entrenar a los Vaqueros de Dallas. Trabajó con este equipo por veintinueve años. Tom Landry llevó a los Vaqueros a jugar cinco Súper Tazones. El equipo tuvo éxito por las <u>jugadas</u> creativas y el liderazgo de Landry. El entrenador Landry era conocido por su personalidad tranquila y por el sombrero de ala que usaba durante los encuentros. Cuando Tom Landry murió en el año 2000, los Vaqueros honraron al entrenador usando unos emblemas con el sombrero de ala en sus uniformes.

Sombrero de ala

8   Una estatua del entrenador Tom Landry fue colocada en el estadio de los Vaqueros. La estatua les recuerda a las personas que el señor Landry fue un entrenador ganador y un héroe.

9   El entrenador Landry guio con el ejemplo a su equipo de futbol americano. Comprendió que lo más importante era tratar a los demás con respeto, no el juego. Enseñó a sus jugadores lecciones importantes acerca del juego. Tom Landry también les enseñó cómo tomar buenas decisiones. Quería que sus jugadores fueran unos triunfadores dentro y fuera de la cancha.

Estatua de Tom Landry

1 ¿Qué significa la palabra <u>jugadas</u> en el párrafo 7 de la lectura?

Ⓐ Travesuras que se hacen a las personas

Ⓑ Turnos en un juego

Ⓒ Acciones o movimientos en los deportes

Ⓓ Actividades divertidas

2 En el párrafo 5, el sufijo *-oso* en la palabra <u>peligrosos</u> significa —

Ⓕ sin

Ⓖ lleno de

Ⓗ llegar a ser

Ⓙ antes de

3 ¿Por qué Tom Landry dejó la Universidad de Texas la primera vez?

Ⓐ Para proteger a su país

Ⓑ Para jugar futbol americano

Ⓒ Para casarse con su novia de la universidad

Ⓓ Para ser entrenador de futbol americano

4 El autor incluye la fotografía junto al párrafo 5 para mostrar —

Ⓕ la razón por la que Tom Landry ingresó al ejército

Ⓖ la manera en que Tom Landry viajó a Nueva York

Ⓗ el tipo de avión que Tom Landry voló durante la Segunda Guerra Mundial

Ⓙ el tipo de vehículos que reparaba el padre de Tom Landry

 motivation**reading**™NIVEL 2

5 ¿Cuál oración explica la razón por la que hay un sombrero en la sección de Tom Landry?

Ⓐ *Tom Landry fue piloto de un B-17.*

Ⓑ *Jugó futbol americano hasta que se graduó de la universidad.*

Ⓒ *El equipo tuvo éxito por las jugadas creativas y el liderazgo de Landry.*

Ⓓ *El entrenador Landry era conocido por su personalidad tranquila y por el sombrero de ala que usaba durante los encuentros.*

6 La imagen debajo del párrafo 2 muestra —

Ⓕ las palabras impresas de la biografía

Ⓖ cómo entrar al museo

Ⓗ los objetos que se están exponiendo

Ⓙ cómo encender la grabación de la biografía

7 Con base en la información de la biografía, se puede describir a Tom Landry como —

Ⓐ un hombre a quien solo le importaba ganar

Ⓑ un hombre respetado

Ⓒ un hombre que pensaba que el futbol americano era más importante que las personas

Ⓓ un hombre fracasado

8 El autor de la biografía escribió acerca de Tom Landry —

Ⓕ describiendo la vida de Tom desde que era niño hasta que fue adulto

Ⓖ comparando a Tom con otros entrenadores de futbol americano

Ⓗ explicando por qué Tom decidió ser entrenador

Ⓙ mostrando cómo Tom aprendió a ser entrenador

9 ¿En dónde conoció Tom Landry a su esposa?

Ⓐ En Mission, Texas

Ⓑ En la Ciudad de Nueva York

Ⓒ En la Universidad de Texas

Ⓓ En un juego de los Vaqueros de Dallas

10 Lee esta oración del párrafo 9 de la biografía.

> *El entrenador Landry guio con el ejemplo a su equipo de futbol americano.*

¿Qué significa esta oración?

Ⓕ El entrenador Landry caminaba frente al equipo al entrar al estadio.

Ⓖ El entrenador Landry trataba a sus jugadores de la manera en que quería que ellos trataran a los demás.

Ⓗ El entrenador Landry mostraba a sus jugadores cómo lanzar el balón.

Ⓙ El entrenador Landry jugó en más encuentros de futbol americano que su equipo.

Un entrenador ganador

Conocimiento · **Recuerda**

¿En dónde nació Tom Landry?

_____

Comprensión · **Entiende**

Explica cómo supo de Tom Landry el niño que cuenta la historia.

_____

_____

_____

Aplicación · **Aplica**

Escribe acerca de alguna vez en que resultaste ganador.

_____

_____

_____

_____

_____

¿Qué puede aprender una persona de la biografia de Tom Landry?

_____

_____

_____

¿Piensas que se les debe pagar a los jugadores de futbol americano por jugar?

_____

Explica tu opinión. _____

_____

_____

Imagínate que eres dueño de un equipo nuevo de futbol americano. ¿Qué nombre le pondrías al equipo?

_____

¿De qué colores sería el uniforme? _____

Bosqueje el uniforme de tu equipo nuevo.

motivation**reading**™ NIVEL 2

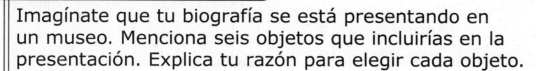

¡Motívate! Mike dice: "Una biografía es el relato de la vida de alguna persona escrito por otra persona".

Estación de motivación

Imagínate que tu biografía se está presentando en un museo. Menciona seis objetos que incluirías en la presentación. Explica tu razón para elegir cada objeto.

Objeto	Razón

Diario

Escribe acerca de alguna vez en que fuiste buen ejemplo para los demás.

_____

_____

_____

_____

Unidad 23 Tarea

La gran "D"

Dallas está en Texas,
Se le llama la Gran "D".
Con su moda y grandes bancos
Y su industria me encanté.

5 *7-Eleven* es de la Gran "D",
Y el primer zoológico del suroeste,
También el dinosaurio Barney
¡Voy a Dallas, cueste lo que cueste!

En Dallas los deportes son en grande
10 Y no falta un *mall* cercano,
Recuerda, cuando visites la Gran "D":
¡Esta ciudad es un orgullo texano!

1 El ritmo del poema tiene que ver con —

Ⓐ cuántas estrofas tiene

Ⓑ el largo de los versos

Ⓒ cómo terminan los versos

Ⓓ la forma en que se lee en voz alta

2 ¿Cuáles palabras se repiten en cada estrofa del poema?

Ⓕ *en Texas*

Ⓖ *Se le llama*

Ⓗ *Gran "D"*

Ⓙ *orgullo texano*

3 ¿Cuáles versos del poema tienen rima?

Ⓐ Versos 9 y 10

Ⓑ Versos 9 y 12

Ⓒ Versos 10 y 11

Ⓓ Versos 10 y 12

4 ¿Por qué el autor eligió ese título para el poema?

_____

_____

_____

_____

Actividades para los padres

1. Encuentren en Internet biografías de texanos.

2. Usen fuentes impresas y digitales para encontrar información acerca de Tom Landry y otros entrenadores famosos.

3. Asista a un evento deportivo con su hijo(a). Observen y comenten las responsabilidades del entrenador.

 motivation**reading**™NIVEL 2

Lee la lectura y escoge la mejor respuesta para cada pregunta.

La fiesta del Cinco de Mayo

1   El Cinco de Mayo es un día festivo. Este día festivo comenzó en 1862. En esa fecha, el ejército mexicano derrotó al ejército francés en la Batalla de Puebla. Fue una sorpresa que México ganara esta batalla. El ejército francés tenía más soldados que el mexicano. El Cinco de Mayo honra la valentía de los soldados mexicanos que pelearon por su país.

2   Los norteamericanos celebran el Cinco de Mayo para honrar la <u>cultura</u> mexicana. Esta cultura es parte de muchas comunidades en Estados Unidos. En Houston, San Antonio y otras ciudades se organizan celebraciones del Cinco de Mayo. Estos eventos incluyen música, danzas y desfiles.

3   La celebración del Cinco de Mayo también incluye comida mexicana. Tamales, salsa y frijoles refritos son parte de las fiestas del Cinco de Mayo. Una de las comidas favoritas son las tortillas. Por miles de años se ha disfrutado de este alimento delicioso. Sigue esta receta sencilla para hacer tortillas de maíz.

Tortillas para el Cinco de Mayo

Ingredientes

2 tazas de harina de maíz

1 cucharadita de sal

$1\frac{1}{4}$ tazas de agua hirviendo

1 cucharadita de manteca

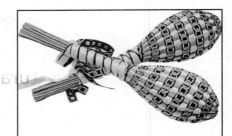

Una canasta con tortillas de maíz

Pasos

1. Mezcla la masa y la sal en un tazón de tamaño mediano.

2. Coloca el agua hirviendo y la manteca en un tazón aparte. Agita hasta que se derrita la manteca.

3. Vierte la mezcla líquida en el tazón con la harina de maíz y la sal y bate la mezcla con un tenedor.

4. Permite que se enfríe la mezcla.

5. Con tus manos mezcla la masa, agregando agua caliente según sea necesario.

6. Amasa por uno o dos minutos.

7. Corta pedazos de la masa para hacer bolas del tamaño de una pelota de golf.

8. Aplasta cada bola y coloca la masa aplastada en un sartén precalentado.

9. Cocina de 45 a 60 segundos cada lado de la tortilla.

10. Retira la tortilla del sartén y sírvela para disfrutarla.

4   La tortilla se disfruta diariamente en las comidas en todo Estados Unidos. Este alimento es un ejemplo de la influencia de la cultura mexicana en la vida de los estadounidenses. La tortilla es un alimento popular en las celebraciones del Cinco de Mayo.

 motivation**reading** NIVEL 2

1 ¿Por qué se celebra el Cinco de Mayo?

Ⓐ Para recordar a los soldados norteamericanos

Ⓑ Para honrar la cultura mexicana

Ⓒ Para celebrar el comienzo de las comunidades mexicanas en Estados Unidos

Ⓓ Para honrar a los franceses que pelearon en México

2 ¿Qué significa la palabra <u>cultura</u> en el párrafo 2?

Ⓕ Las esperanzas y los sueños de personas en una ciudad nueva

Ⓖ Las personas que pertenecen a una comunidad

Ⓗ Los lugares donde están las comunidades de personas

Ⓙ Las creencias y las prácticas que comparte un grupo de personas

3 ¿Por qué escribe esta lectura el autor?

Ⓐ Para dar al lector información sobre el Cinco de Mayo

Ⓑ Para explicar cómo planear una celebración del Cinco de Mayo

Ⓒ Para convencer al lector de celebrar el Cinco de Mayoo

Ⓓ Para compartir una danza del Cinco de Mayo

4 ¿De qué trata el párrafo 1 principalmente?

Ⓕ La razón por la que se celebra el Cinco de Mayo

Ⓖ Cómo celebran el Cinco de Mayo las personas

Ⓗ Cómo hacer tortillas

Ⓙ La importancia de las tortillas

5 ¿Por qué fue una sorpresa que el ejército mexicano ganara la Batalla de Puebla?

Ⓐ La batalla ocurrió el cinco de mayo.

Ⓑ Había más soldados mexicanos que franceses.

Ⓒ La batalla ocurrió en México.

Ⓓ Había menos soldados mexicanos que soldados franceses.

6 ¿Cuál palabra de la lectura se refiere a un alimento plano y de forma circular?

Ⓕ *receta*

Ⓖ *tortilla*

Ⓗ *Tamales*

Ⓙ *salsa*

7 ¿Cuál es el mejor pie de foto para la fotografía junto a los párrafos 2 y 3?

Ⓐ Cultura mexicana

Ⓑ Cinco de Mayo

Ⓒ Danzantes mexicanos

Ⓓ Un desfile mexicano

8 ¿Qué característica del texto usa el autor para mostrar los pasos de la receta?

Ⓕ Números

Ⓖ Palabras en negritas

Ⓗ Puntos de entrada

Ⓙ Títulos

9 Al hacer tortillas, ¿cuándo mezclas la masa con las manos?

Ⓐ Después de cortar pedazos de masa

Ⓑ Después de enfriar la mezcla

Ⓒ Después de amasar

Ⓓ Después de cocinar en el sartén

10 ¿Cuál paso de la receta se relaciona con la fotografía junto a los ingredientes?

Ⓕ **Paso 1**

Ⓖ **Paso 3**

Ⓗ **Paso 9**

Ⓙ **Paso 10**

motivation**reading**™NIVEL 2
©2013–2014 mentoring**minds**.com

La fiesta del Cinco de Mayo

¿Qué batalla se recuerda el Cinco de Mayo?

_____

Escribe un resumen de "La fiesta del Cinco de Mayo".

_____

_____

_____

_____

_____

Describe un alimento que te gusta y que incluye tortillas.

_____

_____

_____

_____

_____

Unidad 24 Razonamiento crítico

¿Por qué las personas que viven en Houston y San Antonio organizan celebraciones del Cinco de Mayo?

_____

_____

_____

¿Cuál actividad del Cinco de Mayo sería tu favorita?

Encierra en un círculo una actividad.

Danzar   **Ver un desfile**   **Comer comida mexicana**

Explica tu respuesta. _____

_____

_____

Inventa un platillo que pueda servirse en una celebración del Cinco de Mayo.

_____

_____

_____

_____

_____

motivation**reading**™NIVEL 2

¡Motívate! **Molly dice:** "Los pasos con puntos de entrada y números facilitan la lectura de los procedimientos".

Estación de motivación

Escribe las abreviaturas de cada uno de los meses usando el banco de palabras. En la segunda línea, escribe el nombre de un día festivo en los meses escritos con letras en negritas.

| sep. | mar. | may. | dic. | jun. | oct. |
| abr. | ago. | feb. | jul. | nov. | ene. |

Mes	Abreviatura	Día festivo
Enero	_____	
Febrero	_____	_____
Marzo	_____	_____
Abril	_____	
Mayo	_____	
Junio	_____	
Julio	_____	_____
Agosto	_____	
Septiembre	_____	
Octubre	_____	_____
Noviembre	_____	_____
Diciembre	_____	

Diario

Escribe acerca de alguna celebración a la que asististe.

_____

_____

_____

_____

Unidad 24 Tarea

Las maracas son instrumentos musicales que se tocan en las celebraciones mexicanas. Para hacer unas maracas, se ponen frijoles secos en el interior de cáscaras de coco o de una jícara. Las personas tocan música moviendo las maracas. Sigue las instrucciones para hacer unas maracas.

Materiales:

- 2 platos desechables
- 1 cucharada de frijoles secos
- grapas y grapadora
- marcadores

Pasos:

1. Usa los marcadores para decorar el reverso de los platos.

2. Coloca de 5 a 10 frijoles sobre uno de los platos.

3. Voltea el segundo plato bocabajo y colócalo sobre el plato que tiene los frijoles.

4. Grapa los bordes de los platos para unirlos.

5. Agita los platos al ritmo de la música.

---

1 El autor identifica cada material necesario para hacer maracas usando —

Ⓐ puntos de entrada

Ⓑ palabras con letras negritas

Ⓒ números

Ⓓ palabras con letras itálicas

2 Al hacer maracas, los platos se decoran —

Ⓕ en el primer paso

Ⓖ en el segundo paso

Ⓗ en el tercer paso

Ⓙ en el último paso

3 ¿Cuál paso ayuda a que los frijoles no se salgan de los platos?

Ⓐ **Paso 1**

Ⓑ **Paso 2**

Ⓒ **Paso 3**

Ⓓ **Paso 4**

4 ¿Cuándo se pueden usar las maracas?

_____

_____

_____

Actividades para los padres

1. Usen fuentes impresas o digitales para reunir información acerca de celebraciones en otros países.

2. Preparen platillos de otros países.

 motivation**reading**™NIVEL 2

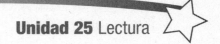

Lee la lectura y escoge la mejor respuesta para cada pregunta.

Laura Bush, la Primera Dama de los libros

1   Laura Bush es esposa, madre y abuela. Fue maestra y bibliotecaria. Laura está casada con el presidente George W. Bush. Fue el 43º presidente de los Estados Unidos. Como Primera Dama, la Sra. Bush quería que las personas usaran sus talentos para educar a los niños norteamericanos. Ella deseaba que todos los niños aprendieran a leer. Laura Bush creía que la lectura abría puertas.

2   Laura nació el 4 de noviembre de 1946 en Midland, Texas. Era la única hija de Harold y Jenna Welch. Su padre construía casas. Su madre era ama de casa y ayudaba a su esposo en sus negocios.

3   De niña, Laura participaba en las niñas exploradoras y le gustaba quedarse a dormir en casa de sus amigas. Cantaba en el coro de la iglesia y tocaba el piano. Sin embargo, la actividad favorita de Laura era la lectura. Su madre le transmitió su amor por los libros leyéndole cuando Laura era una bebé. También llevaba a Laura a la biblioteca de la localidad. Este amor por la lectura se convirtió en la pasión de Laura Bush para toda su vida.

4   Laura asistió a la escuela primaria James Bowie. Era una niña tímida pero amigable. En el segundo grado, Laura tenía una maestra llamada Srta. Gnagy. Era la maestra favorita de Laura. La Srta. Gnagy inspiró a Laura para ser maestra. En casa, Laura acomodaba sus muñecas en filas y jugaba a enseñarles a leer.

5   Después de la secundaria, Laura estudió para ser maestra. Se graduó de la universidad y dio clases en segundo y tercer grado. Laura era bibliotecaria de una escuela cuando conoció y se casó con George W. Bush en 1977.

6   El color favorito de la Sra. Bush es el azul. Le gusta comer helado de chocolate y disfruta de la jardinería. Uno de los libros infantiles favoritos de la Sra. Bush es *El oficial Buckle y Gloria*. A pesar de no continuar trabajando en una escuela, Laura Bush sigue animando a las personas a que disfruten de la lectura. Hace colectas para apoyar a las bibliotecas de las escuelas para que los niños tengan libros para leer. A través de sus acciones, la Sra. Bush enseña a los norteamericanos a mostrar amabilidad a los demás.

motivation**reading** NIVEL 2

1 En el párrafo 6, el sufijo -*dad* en la palabra amabilidad hace que la palabra signifique —

Ⓐ parecer amable

Ⓑ dejar de ser amable

Ⓒ no ser amable

Ⓓ ser amable

2 ¿Qué palabra tiene un significado similar al de la palabra inspiró en el párrafo 4?

Ⓕ Forzó

Ⓖ Animó

Ⓗ Necesitó

Ⓙ Deseó

3 ¿Cuál oración muestra que Laura Bush quiere transmitir a los niños su amor por la lectura?

Ⓐ *Hace colectas para apoyar a las bibliotecas de las escuelas para que los niños tengan libros para leer.*

Ⓑ *Laura está casada con el presidente George W. Bush.*

Ⓒ *Este amor por la lectura se convirtió en la pasión de Laura Bush para toda su vida.*

Ⓓ *En casa, Laura acomodaba sus muñecas en filas y jugaba a enseñarles a leer.*

4 La fotografía debajo del párrafo 5 muestra que Laura Bush —

Ⓕ toca el piano

Ⓖ colecta fondos para bibliotecas escolares

Ⓗ disfruta la jardinería

Ⓙ disfruta leer con los niños

5 ¿Qué importancia tuvo la maestra de segundo grado en el futuro de Laura?

Ⓐ Esta maestra le enseñó a leer.

Ⓑ Laura quería escribir libros como su maestra.

Ⓒ Laura quería ser como su maestra.

Ⓓ La maestra de Laura la llevaba a la biblioteca.

6 ¿En qué se parecían Laura y su madre?

Ⓕ Las dos eran bibliotecarias.

Ⓖ Las dos fueron Primera Dama.

Ⓗ Las dos disfrutaban la lectura.

Ⓙ Las dos trabajaron como maestras.

7 ¿Cómo practicaba Laura para ser maestra?

Ⓐ Juntaba fondos para bibliotecas.

Ⓑ Jugaba a enseñar a sus muñecas a leer.

Ⓒ Se casó con un presidente.

Ⓓ Era una niña exploradora.

8 Lee la tabla.

> • Laura nació en 1946.
> • Laura fue niña exploradora.
> • Laura fue maestra.
> • _____

¿Qué va en el espacio en blanco?

Ⓕ Laura se casó con George Bush en 1977.

Ⓖ Laura estaba en la clase de la señorita Gnagy.

Ⓗ Laura aprendió a tocar el piano.

Ⓙ Laura le enseñaba a sus muñecas.

9 ¿Qué lección se puede aprender de Laura Bush?

Ⓐ La mejor manera de aprender es cantando.

Ⓑ Solo se aprende en la biblioteca.

Ⓒ La lectura ayuda a las personas a tener éxito.

Ⓓ El trabajo más importante es enseñar.

10 Lee esta oración del párrafo 1.

> *Laura Bush creía que la lectura abría puertas.*

¿Qué significa esta oración?

Ⓕ Las personas que visitaban la biblioteca leían mejor.

Ⓖ Al abrirse más bibliotecas la gente tenía más libros.

Ⓗ La lectura les permitía a las personas aprender cosas nuevas.

Ⓙ Era agradable leer libros.

motivation**reading**™NIVEL 2   ©2013–2014 mentoring**minds**.com

Laura Bush, la Primera Dama de los libros

¿Quién era la maestra favorita de Laura?

Describe con tus propias palabras a Laura Bush.

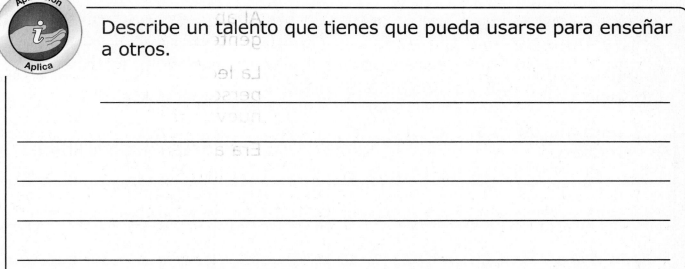

Describe un talento que tienes que pueda usarse para enseñar a otros.

Explica la importancia de saber leer.

_____

_____

_____

_____

En tu opinión, ¿cuál materia de la escuela es más importante?

Encierra en un círculo tu respuesta.

Matemáticas   **Lectura**   **Ciencias**   **Estudios Sociales**

Explica tu elección. _____

_____

_____

Imagina que Laura Bush va a visitar tu escuela. Escribe preguntas que te gustaría hacerle.

_____

_____

_____

_____

         motivation**reading**™ NIVEL 2

¡Motívate! Mike dice: "Algunas biografías se escriben en orden cronológico con base en los eventos en la vida de la persona".

Estación de motivación

Imagínate que una persona está escribiendo una biografía acerca de ti. Contesta las siguientes preguntas para proporcionar información para tu biografía.

¿Cómo te llamas? _____

¿Cuándo naciste? _____

¿Dónde vives? _____

¿A qué escuela asistes? _____

¿Quién es tu maestro favorito? _____

¿Cuál es tu color favorito? _____

¿Cuál es tu tipo de helado favorito? _____

¿Qué es lo que más te gusta hacer? _____

Escribe tres cosas acerca de ti que serían interesantes para otras personas. _____

_____

_____

_____

Diario

¿Te gustaría ser maestro? Explica tu respuesta.

_____

_____

_____

_____

Una revista organiza un concurso de galletas para las esposas de los que quieren ser presidentes. Los lectores votan por sus galletas favoritas. Las galletas vaqueras de Laura Bush ganaron el concurso en el año 2000. Lee una receta para las galletas vaqueras.

Ingredientes	**Pasos**
2 huevos	**1.** Precalentar el horno a 350°.
1 taza de manteca	**2.** Mezclar los huevos, el azúcar y la manteca.
1 taza de azúcar	**3.** Revolver la harina, la avena y la vainilla.
1 taza de azúcar morena	**4.** Agregar los pedacitos de chocolate y las nueces.
2 tazas de harina con levadura	**5.** Colocar cucharadas de la mezcla en la bandeja.
2 tazas de avena	**6.** Hornear por 15 minutos.
1 cucharadita de vainilla	**7.** Dejar enfriar antes de comer.
$\frac{1}{2}$ taza de pedacitos de chocolate	
1 taza de nueces en trozos	

1 En los pasos, ¿qué significa el prefijo *pre-* en la palabra Precalentar?

Ⓐ Debajo
Ⓑ Entre
Ⓒ Después
Ⓓ Antes

2 ¿Qué se agrega después de mezclar la harina, la avena y la vainilla?

Ⓕ Pedacitos de chocolate y nueces
Ⓖ Huevos y manteca
Ⓗ Azúcar y huevos
Ⓙ Manteca y nueces

3 El autor usa números para mostrar —

Ⓐ los pasos para hacer galletas vaqueras
Ⓑ por qué la receta para las galletas vaqueras se imprimió en la revista
Ⓒ cuantos ingredientes se necesitan para las galletas vaqueras
Ⓓ cuantas personas votaron por las galletas vaqueras

4 Describe tus galletas favoritas.

_____

_____

Actividades para los padres

1. Usen fuentes impresas o digitales para encontrar información acerca de las primeras damas de los Estados Unidos.
2. Visiten una biblioteca. Ayude a su hijo(a) a encontrar libros de interés.
3. Lea libros con su hijo(a). Pida a su hijo(a) que ilustre eventos de las historias.

Marca tu éxito en una gráfica

Colorea a Mike o Molly de color **verde** si tu respuesta estaba correcta.
Coloréalos de **rojo** si tu respuesta estaba equivocada.

Unidad 1: Un presidente y un oso

Pregunta 1	Pregunta 2	Pregunta 3	Pregunta 4	Pregunta 5	Pregunta 6	Pregunta 7	Pregunta 8
2.5(B)	2.9	2.6(A)	2.7(A)	2.7(A)	2.7(A)	2.9(B)	2.16

Pregunta 9	Pregunta 10
2.7	2.7

Número de preguntas correctas	Número de preguntas posibles
	10

Unidad 2: Ciencias en la Tierra de las Aventuras

Pregunta 1	Pregunta 2	Pregunta 3	Pregunta 4	Pregunta 5	Pregunta 6	Pregunta 7	Pregunta 8
2.14(A)	2.5(C)	2.5(C)	2.13	2.14(A)	2.14(B)	2.14(C)	2.14(D)

Pregunta 9	Pregunta 10
2.14(D)	2.16

Número de preguntas correctas	Número de preguntas posibles
	10

Unidad 3: John Henry: El taladrador de acero

Pregunta 1	Pregunta 2	Pregunta 3	Pregunta 4	Pregunta 5	Pregunta 6	Pregunta 7	Pregunta 8
2.9	2.9(B)	2.3(B)	2.6(A)	2.9(B)	2.11(A)	2.5(B)	2.6

Pregunta 9	Pregunta 10
2.9(B)	2.16

Número de preguntas correctas	Número de preguntas posibles
	10

motivation**reading**™ NIVEL 2

Marca tu éxito en una gráfica

Colorea a Mike o Molly de color **verde** si tu respuesta estaba correcta.
Coloréalos de **rojo** si tu respuesta estaba equivocada.

Unidad 4: Patrones en el cielo

Pregunta 1	Pregunta 2	Pregunta 3	Pregunta 4	Pregunta 5	Pregunta 6	Pregunta 7	Pregunta 8
2.5(A)	2.14(B)	2.5(B)	2.7(A)	2.13	2.15(B)	2.15(B)	2.14(D)

Pregunta 9	Pregunta 10					Número de preguntas correctas	Número de preguntas posibles
2.14(A)	2.16						**10**

Unidad 5: Mi autor favorito: Dav Pilkey

Pregunta 1	Pregunta 2	Pregunta 3	Pregunta 4	Pregunta 5	Pregunta 6	Pregunta 7	Pregunta 8
2.5(B)	2.10	2.10	2.10	2.10	2.11(A)	2.10	2.16

Pregunta 9	Pregunta 10					Número de preguntas correctas	Número de preguntas posibles
2.3(B)	2.6(A)						**10**

Unidad 6: Las manos que ayudan en nuestra comunidad

Pregunta 1	Pregunta 2	Pregunta 3	Pregunta 4	Pregunta 5	Pregunta 6	Pregunta 7	Pregunta 8
2.5(B)	2.5(A)	2.13	2.14(A)	2.14	2.14(C)	2.16	2.16

Pregunta 9	Pregunta 10					Número de preguntas correctas	Número de preguntas posibles
2.16	2.14(C)						**10**

Marca tu éxito en una gráfica

Colorea a Mike o Molly de color **verde** si tu respuesta estaba correcta.
Coloréalos de **rojo** si tu respuesta estaba equivocada.

Unidad 7: Un amigo especial

Pregunta 1	Pregunta 2	Pregunta 3	Pregunta 4	Pregunta 5	Pregunta 6	Pregunta 7	Pregunta 8
2.3(B)	2.5(B)	2.7(A)	2.7(A)	2.7	2.7(A)	2.5(B)	2.6(A)

Pregunta 9	Pregunta 10					Número de preguntas correctas	Número de preguntas posibles
2.16	2.7						**10**

Unidad 8: Un *tour* por el Capitolio

Pregunta 1	Pregunta 2	Pregunta 3	Pregunta 4	Pregunta 5	Pregunta 6	Pregunta 7	Pregunta 8
2.13	2.14(A)	2.14(C)	2.14(C)	2.14(D)	2.16	2.5(C)	2.16

Pregunta 9	Pregunta 10					Número de preguntas correctas	Número de preguntas posibles
2.14(B)	2.14(D)						**10**

Unidad 9: El mejor juego de todos

Pregunta 1	Pregunta 2	Pregunta 3	Pregunta 4	Pregunta 5	Pregunta 6	Pregunta 7	Pregunta 8
2.9(B)	2.5(B)	2.11(A)	2.3(B)	2.9	2.6(A)	2.3(B)	2.16

Pregunta 9	Pregunta 10					Número de preguntas correctas	Número de preguntas posibles
2.9(B)	2.9						**10**

motivation**reading**™ NIVEL 2

Marca tu éxito en una gráfica

Colorea a Mike o Molly de color **verde** si tu respuesta estaba correcta.
Coloréalos de **rojo** si tu respuesta estaba equivocada.

Unidad 10: El mar de Estados Unidos

Pregunta 1	Pregunta 2	Pregunta 3	Pregunta 4	Pregunta 5	Pregunta 6	Pregunta 7	Pregunta 8
2.14(D)	2.14(A)	2.5(B)	2.14	2.14(A)	2.13	2.5(C)	2.14(A)

Pregunta 9	Pregunta 10
2.14(C)	2.14(D)

Número de preguntas correctas	Número de preguntas posibles
	10

Unidad 11: Una gran idea

Pregunta 1	Pregunta 2	Pregunta 3	Pregunta 4	Pregunta 5	Pregunta 6	Pregunta 7	Pregunta 8
2.5(A)	2.9	2.16	2.5(C)	2.9	2.16	2.6(A)	2.3(B)

Pregunta 9	Pregunta 10
2.11(A)	2.9(B)

Número de preguntas correctas	Número de preguntas posibles
	10

Unidad 12: Gracias, señor presidente

Pregunta 1	Pregunta 2	Pregunta 3	Pregunta 4	Pregunta 5	Pregunta 6	Pregunta 7	Pregunta 8
2.14	2.14	2.14	2.13	2.14(A)	2.5(A)	2.14(D)	2.14(B)

Pregunta 9	Pregunta 10
2.7(A)	2.16

Número de preguntas correctas	Número de preguntas posibles
	10

Marca tu éxito en una gráfica

Colorea a Mike o Molly de color **verde** si tu respuesta estaba correcta.
Coloréalos de **rojo** si tu respuesta estaba equivocada.

Unidad 13: El regalo del Arco Iris

Pregunta 1	Pregunta 2	Pregunta 3	Pregunta 4	Pregunta 5	Pregunta 6	Pregunta 7	Pregunta 8
2.9(B)	2.9	2.9	2.5(C)	2.6(A)	2.16	2.5(B)	2.3(B)

Pregunta 9	Pregunta 10					Número de preguntas correctas	Número de preguntas posibles
2.9(B)	2.11(A)						**10**

Unidad 14: Castores constructores

Pregunta 1	Pregunta 2	Pregunta 3	Pregunta 4	Pregunta 5	Pregunta 6	Pregunta 7	Pregunta 8
2.5(B)	2.13	2.5(B)	2.16	2.14(D)	2.14(B)	2.5(C)	2.14(A)

Pregunta 9	Pregunta 10					Número de preguntas correctas	Número de preguntas posibles
2.14(C)	2.14						**10**

Unidad 15: Proyecto búho

Pregunta 1	Pregunta 2	Pregunta 3	Pregunta 4	Pregunta 5	Pregunta 6	Pregunta 7	Pregunta 8
2.11(A)	2.6(A)	2.5(B)	2.9	2.9	2.11(A)	2.7(A)	2.16

Pregunta 9	Pregunta 10					Número de preguntas correctas	Número de preguntas posibles
2.7(A)	2.7(A)						**10**

motivation**reading**™ NIVEL 2 ©2013–2014 mentoring**minds**.com

Marca tu éxito en una gráfica

Colorea a Mike o Molly de color **verde** si tu respuesta estaba correcta.
Coloréalos de **rojo** si tu respuesta estaba equivocada.

Unidad 16: La heladería de Brenham

Pregunta 1	Pregunta 2	Pregunta 3	Pregunta 4	Pregunta 5	Pregunta 6	Pregunta 7	Pregunta 8
2.14(A)	2.14(C)	2.14(B)	2.5(B)	2.13	2.16	2.16	2.16

Pregunta 9	Pregunta 10
2.14(C)	2.14(D)

Número de preguntas correctas | Número de preguntas posibles **10**

Unidad 17: La niña que siempre pedía auxilio

Pregunta	Pregunta 2	Pregunta 3	Pregunta 4	Pregunta 5	Pregunta 6	Pregunta 7	Pregunta 8
2.9	2.5(C)	2.16	2.9(B)	2.9	2.6(A)	2.9(B)	2.11(A)

Pregunta 9	Pregunta 10
2.5(B)	2.3(B)

Número de preguntas correctas | Número de preguntas posibles **10**

Unidad 18: Un mundo de agua

Pregunta 1	Pregunta 2	Pregunta 3	Pregunta 4	Pregunta 5	Pregunta 6	Pregunta 7	Pregunta 8
2.14	2.14	2.14(A)	2.16	2.14(B)	2.14(D)	2.13	2.5(B)

Pregunta 9	Pregunta 10
2.5(A)	2.14(D)

Número de preguntas correctas | Número de preguntas posibles **10**

Marca tu éxito en una gráfica

Colorea a Mike o Molly de color **verde** si tu respuesta estaba correcta.
Coloréalos de **rojo** si tu respuesta estaba equivocada.

Unidad 19: La prueba de fuego para una joven campesina

Pregunta 1	Pregunta 2	Pregunta 3	Pregunta 4	Pregunta 5	Pregunta 6	Pregunta 7	Pregunta 8
2.3(B)	2.9	2.9	2.9(B)	2.5(B)	2.6(A)	2.9(B)	2.16

Pregunta 9	Pregunta 10					Número de preguntas correctas	Número de preguntas posibles
2.16	2.11(A)						**10**

Unidad 20: De renacuajos a ranas

Pregunta 1	Pregunta 2	Pregunta 3	Pregunta 4	Pregunta 5	Pregunta 6	Pregunta 7	Pregunta 8
2.14(B)	2.15(B)	2.15	2.5(A)	2.14(A)	2.15(B)	2.13	2.15(B)

Pregunta 9	Pregunta 10					Número de preguntas correctas	Número de preguntas posibles
2.5(A)	2.15(B)						**10**

Unidad 21: Sobreviviente al estilo animal

Pregunta 1	Pregunta 2	Pregunta 3	Pregunta 4	Pregunta 5	Pregunta 6	Pregunta 7	Pregunta 8
2.14(A)	2.14(B)	2.5(A)	2.5(C)	2.13	2.14(D)	2.14(B)	2.16

Pregunta 9	Pregunta 10					Número de preguntas correctas	Número de preguntas posibles
2.14(B)	2.14(A)						**10**

motivation**reading**™ NIVEL 2

Marca tu éxito en una gráfica

Colorea a Mike o Molly de color **verde** si tu respuesta estaba correcta.
Coloréalos de **rojo** si tu respuesta estaba equivocada.

Unidad 22: ¿Qué hay de ñu-evo en el zoológico?

Pregunta 1	Pregunta 2	Pregunta 3	Pregunta 4	Pregunta 5	Pregunta 6	Pregunta 7	Pregunta 8
2.14(B)	2.14(A)	2.14(D)	2.5(B)	2.14	2.13	2.14(B)	2.14

Pregunta 9	Pregunta 10
2.16	2.14(C)

Número de preguntas correctas	Número de preguntas posibles
	10

Unidad 23: Un entrenador ganador

Pregunta 1	Pregunta 2	Pregunta 3	Pregunta 4	Pregunta 5	Pregunta 6	Pregunta 7	Pregunta 8
2.5(B)	2.5(A)	2.10	2.16	2.10	2.16	2.10	2.10

Pregunta 9	Pregunta 10
2.10	2.11(A)

Número de preguntas correctas	Número de preguntas posibles
	10

Unidad 24: La fiesta del Cinco de Mayo

Pregunta 1	Pregunta 2	Pregunta 3	Pregunta 4	Pregunta 5	Pregunta 6	Pregunta 7	Pregunta 8
2.14(B)	2.5(B)	2.13	2.14(A)	2.14(C)	2.14(B)	2.14(D)	2.15(B)

Pregunta 9	Pregunta 10
2.15	2.15(B)

Número de preguntas correctas	Número de preguntas posibles
	10

Marca tu éxito en una gráfica

Colorea a Mike o Molly de color **verde** si tu respuesta estaba correcta.
Coloréalos de **rojo** si tu respuesta estaba equivocada.

Unidad 25: Laura Bush, la Primera Dama de los libros

Pregunta 1	Pregunta 2	Pregunta 3	Pregunta 4	Pregunta 5	Pregunta 6	Pregunta 7	Pregunta 8
2.5(A)	2.5(C)	2.10	2.16	2.10	2.10	2.10	2.10

Pregunta 9	Pregunta 10					Número de preguntas correctas	Número de preguntas posibles
2.6(A)	2.11(A)						**10**

GLOSARIO DE LECTURA

A

abreviatura – forma reducida de una palabra mediante la eliminación de letras finales o centrales y que suele cerrarse con un punto

acción – eventos importantes representados por los personajes de una obra literaria

acróstico – poema o serie de versos en los cuales la primera letra de cada verso forma una palabra o frase relacionada con un tema específico

acto – cada una de las principales divisiones de una obra de teatro

adaptación – versión de una obra literaria por lo regular reescrita en un género diferente

adaptación dramática – obra literaria reescrita como obra de teatro

afijo – letra o grupo de letras que se añaden al principio o al final de una palabra y que cambian el significado de la palabra (p. ej., prefijo, sufijo)

afirmación – expresión escrita o hablada que expresa un hecho o información

aliteración – repetición de sonidos al principio de dos o más palabras consecutivas

análisis – acción de descomponer una idea u objeto en partes y examinar cada parte

analizar – estudiar una idea u objeto descomponiéndolo en partes más pequeñas

animar – palabras escritas o habladas como una frase corta; con frecuencia expresan emoción o elogio

anotación de diario – una respuesta a una lectura, tema o evento

anotar – escribir o hacer notas

antónimo – palabra que tiene el significado opuesto a otra palabra

anunciar – llamar la atención hacia un producto; dar un aviso público

anuncio publicitario – anuncio público que da información acerca de un evento o un producto y está diseñado para llamar la atención

aplicación – acción de usar la comprensión de un concepto en una situación o contexto nuevo o diferente

aplicar – usar la comprensión de un concepto en una situación o contexto nuevo o diferente

apoyar – proveer evidencia o mostrar que algo es verdadero

apropiado – adecuado o correcto para un propósito

argumento – secuencia de acciones o eventos en un pasaje literario

artesanía – producto hecho a mano

artículo de Internet – selección que se localiza en Internet

autobiografía – recuento de la vida de una persona contada por ella misma

autor – persona que escribe una obra literaria o un texto informativo

aventura – un evento o serie de eventos emocionantes

B

biografía – recuento de la vida de alguien escrita por otra persona

blog – sitio de Internet en el que una persona o grupo de personas expresan opiniones o información

Bloom, Taxonomía de (original/revisada) –
modelo que se usa para comprender los
niveles de razonamiento

Análisis/Analizar – nivel de la taxonomía
de Bloom que incluye descomponer una
idea o concepto en partes y mostrar las
relaciones entre las partes

Aplicación/Aplicar – nivel de la
taxonomía de Bloom que incluye el uso
de una idea abstracta en una situación
concreta para poder resolver un problema
o relacionarlo con una experiencia previa

Comprensión/Entender – nivel de la
taxonomía de Bloom que incluye el
entendimiento, interpretación o resumen
de hechos, detalles o información

Conocimiento/Recordar – nivel de la
taxonomía de Bloom que incluye recordar
hechos, ideas o información

Evaluación/Evaluar – nivel de la
taxonomía de Bloom que incluye formular
juicios basados en la información acerca
del valor de ideas o materiales o expresar
opiniones usando estándares o criterios

Síntesis/Construir – nivel de la
taxonomía de Bloom que incluye
combinar partes o elementos de
conocimiento para formar un todo nuevo
y desarrollar relaciones en situaciones o
productos nuevos

bosquejo – ilustración hecha rápidamente con
poco detalle

burbuja – espacio con palabras que muestra
lo que está pensando un personaje

C

cambiar – volverse o ser diferente

canción – conjunto de palabras que se cantan

canción publicitaria – canción pegajosa que
anuncia un producto

canto – palabras que se repiten en un patrón
o ritmo

característica – cualidad de un objeto o
concepto que lo distingue; rasgo o atributo
que ayuda a identificar o describir

características de personaje – descripción
de un personaje que puede incluir la
apariencia física, la personalidad, la manera
de hablar, el comportamiento, las acciones,
los pensamientos, los sentimientos o su
interacción con otros personajes

carta – comunicación escrita dirigida a una
persona o un grupo de personas que con
frecuencia se envía por correo

categoría – división o grupo de objetos
o ideas con cualidades o características
similares

causa – la razón de que ocurra algo

causa y efecto – relación entre dos eventos
en la cual un evento hace que el otro ocurra

cita – texto que repite o transcribe
exactamente algo que se dijo o escribió

clasificación – grupo o categoría de objetos
con características similares

clasificar – acomodar por grupo o por tipo

clave de mapa – tabla que provee el
significado de los símbolos en un mapa

comercial – anuncio apropiado para los
medios de comunicación

comparar – considerar o describir como
similar

comparar y contrastar – estudiar para
distinguir similitudes y diferencias

componer – redactar

comprender – entender

comprensión – capacidad de entender el
significado de una idea o concepto

comunicación – el acto de dar a conocer
información a través de palabras escritas o
habladas

concepto – idea o entendimiento general

concluir – llegar a una decisión; formar una
opinión

 motivation**reading**™NIVEL 2

conclusión – juicio o decisión a la que se llega razonando; el cierre o final de un texto escrito o leído

conectar – asociar ideas o temas en textos

conexión – asociación o relación entre dos o más temas o entre dos o más textos

conflicto – oposición entre fuerzas que ocasiona acciones importantes en el argumento de una obra literaria

conocimiento – hechos, ideas o información

conocimiento de los medios – el entendimiento del significado del mensaje comunicado por los medios

construir – hacer, formar o producir

consumidor – comprador de bienes o servicios

contexto – palabras, oraciones o pasajes que preceden o siguen a una palabra, oración o pasaje específico; el conjunto de circunstancias que rodean un evento, situación o personaje

contexto contemporáneo – texto escrito que se desarrolla en un escenario de actualidad

contexto cultural – texto escrito con base en las creencias y valores compartidos de un grupo de personas

contexto histórico – evento del pasado en el que se basa un texto escrito

contrastar – considerar o describir algo como diferente

convencer – hacer que alguien crea algo; persuadir

correo electrónico – mensaje electrónico

criterio – estándares, reglas o pruebas que se usan para emitir un juicio o tomar una decisión

cuento de hadas – historia fantástica acerca de hadas, criaturas mágicas o hazañas legendarias

cuento de misterio – pasaje literario que incluye eventos que son enigmáticos y se revelan hasta la conclusión

cuento popular – cuento o leyenda tradicional que pasa de generación en generación

cultura – creencias y valores compartidos por un grupo de personas

D

definición – significado de una palabra o frase

definición en la oración – el significado de una palabra determinado por otras palabras en la oración

definir – dar el significado de una palabra o frase

demostrar – explicar usando ejemplos o experiencias

desarrollar – agregar detalles a un plan o idea básico

desconocido – que no es conocido; extraño

describir – representar una idea, persona o cosa por medio de palabras

descripción – elemento del drama que explica cómo debe pronunciarse el diálogo y expresa las acciones que los personajes deben actuar, por lo regular se escriben entre corchetes

desventaja – condición o posición desfavorable

detallar – dar más detalles

detalle – parte pequeña de un todo; información específica que apoya la idea principal en un texto

detalle clave – la parte más importante de un todo; la información más importante que apoya a la idea principal

detalle sensorial – información que describe lo que se ve, se escucha, se huele, se saborea o se toca

detalles de apoyo – ideas que explican, describen o definen el tema

determinar – decidir; localizar información necesaria

diagrama – gráfica que explica un objeto; una ilustración con rótulos

diagrama de red – organizador gráfico que se usa para mostrar relaciones

diagrama de Venn – organizador gráfico que se usa para comparar dos o más artículos o ideas

diálogo – palabras o líneas que dicen los personajes de una historia de ficción o una obra de teatro

diario – registro personal de eventos

diccionario – referencia impresa o digital que contiene una lista de palabras en orden alfabético con información sobre cada palabra, incluyendo, separación silábica, función lingüística y definición

diferencia – algo que distingue

diferente – distinto a algo

dirección escénica – comentarios descriptivos que proveen información acerca del diálogo, el escenario y la acción, por lo regular escritos entre corchetes

diseñar – crear o dibujar planos

documento – un escrito

drama – obra literaria que presenta una historia a través de la actuación y el diálogo y que se crea para ser representada

E

efecto – resultado producido por una causa

efectos sonoros – sonidos creados para resaltar o enfatizar el mensaje o significado de un pasaje

ejemplo – modelo, algo para ser imitado

ejemplo en la oración – el ejemplo de una palabra determinado por otras palabras en la oración

elemento – parte separada de un todo

elementos de la poesía – partes básicas y más importantes de una poesía (p. ej., métrica, ritmo, rima)

elementos de no ficción literaria – partes básicas y más importantes de un escrito de no ficción literaria (p. ej., hechos, tema, escenario, personajes, argumento)

elementos de un drama – partes básicas y más importantes de una obra dramática (p. ej., escenario, personajes, escenas, actos, descripciones, dirección escénica)

elementos de una ficción – partes básicas y más importantes de una historia de ficción (p. ej., escenario, personajes, argumento, tema)

elementos del texto – característica escrita que le da significado al texto (p. ej., el título, un pie de foto, una fotografía, un diagrama, un número, palabras en negritas o itálicas, listas marcadas con puntos u otros signos, un subtítulo, un rótulo)

elementos gráficos – elementos que le dan significado al texto (p. ej., diagramas, mapas, líneas cronológicas, títulos, pies de foto, fotografías, tablas, números, puntos, letra itálica, encabezados, rótulos, palabras subrayadas)

encabezado – grupo de palabras en letras grandes al principio de un artículo de un periódico; dice de lo que trata el artículo

enfatizar – hacer hincapié o dar importancia

enlace temático – conexión lógica entre textos que comparten temas similares

entender – captar el significado

entendimiento – conocimiento o interpretación del significado

entrada de diccionario – palabra registrada en el diccionario que incluye separación silábica, función lingüística y definición

entrevista – reunión durante la cual una persona hace preguntas a otra persona o grupo de personas

escena – unidad de una obra de teatro que describe la acción que se lleva a cabo en un solo escenario

escenario – tiempo y lugar en un pasaje literario

esquema de rima – patrón de rima de los versos en una poesía (p. ej., AABB; ABAB; ABCABC)

estrategia – un sistema o plan ingenioso

estrofa – grupo de versos que forman un poema o canción

estructura – el desarrollo de un escrito

evaluación – juicio basado en un criterio o evidencia

evaluar – determinar el valor, importancia o calidad

evento – suceso en un pasaje escrito

evento principal – la acción más importante en un pasaje literario

eventos futuros – sucesos que se espera que ocurran en el tiempo por venir

evidencia – palabras, frases u oraciones que sirven como prueba

evidencia textual – información de un pasaje escrito que comprueba una afirmación o respuesta

exageración – declaración hablada o escrita que exagera la verdad

experiencia personal – evento en el que toma parte una persona

explicar – aclarar; proveer la razón o la causa de algo

expresar – comunicar un significado

extender – aumentar al agregar información

F

fábula – historia tradicional que tiene el propósito de enseñar una lección útil o moraleja

ficción – género literario basado en la imaginación y no necesariamente en los hechos

final – la última parte de un párrafo, pasaje o libro

folleto – cuadernillo sobre un tema específico

forjar una idea – pensar en algo; planear

fotografía – imagen producida por una cámara

frase – grupo de palabras que tienen significado, pero que no forman una oración completa

fuente – persona, lugar o cosa que provee información

fuente digital – referencia electrónica que se usa para reunir o producir información

fuente impresa – referencia escrita que se usa para reunir o producir información

G

género – categoría literaria que se define por la forma, la técnica o el contenido

glosario – lista alfabética de palabras y su significado que se encuentra en la parte final de un libro

gráfica – diagrama que muestra conexiones entre dos o más artículos o conceptos

gráfico – imagen visual (p. ej., diagrama, ilustración, símbolo, dibujo, foto)

guion – texto de las palabras que se pronunciarán

H

hecho – afirmación que se puede comprobar

héroe – persona que es admirada por su gran valor o logros

hipérbole – exageración

historia – narración, ya sea real o imaginaria, diseñada para despertar interés, sorprender o instruir a quien la escucha o lee

historia imaginativa – historia que es creativa u original

histórico – del pasado

homófonos – palabras que suenan igual pero se escriben de diferente manera y tienen diferentes significados

homógrafos – palabras que se escriben igual pero tienen diferente significado; se pueden pronunciar diferente

I

idea – pensamiento o plan que se forma cuidadosamente en la mente

idea principal – el pensamiento más importante en un escrito

identificar – reconocer; nombrar

ilustración – dibujo, diagrama o mapa que se usa para explicar o decorar

ilustrar – agregar dibujos o bosquejos que proveen información

imagen – representación de una persona, lugar u objeto

imágenes literarias – palabras o frases que se usan para formar representaciones en la mente de una persona

impacto – efecto fuerte

impacto negativo – efecto desfavorable

importancia – de gran significado o valor

índice – lista de temas con el número de página que indica en dónde se localiza la información

inferencia – conclusión obtenida del conocimiento previo y de evidencias o pistas

inferir – llegar a una conclusión u opinión por medio del razonamiento

influencia – efecto de persona, cosa o evento en otra

información – conocimiento o datos reunidos acerca de un tema específico

información basada en hechos – conocimiento o hechos que se pueden comprobar

instrucción – directriz usada para completar una tarea

interacción – manera en que un personaje se relaciona con otro personaje con base en el diálogo y las acciones

interpretación – explicación del significado o importancia

interpretar – explicar el significado o importancia

inventar – crear un objeto nuevo

investigación – estudio cuidadoso de un tema

J

justificar – demostrar o probar que algo es correcto o verdadero

L

lección – mensaje que se aprende en un pasaje literario

lema – un eslogan o frase publicitaria que se usa para identificar un producto o empresa

lenguaje casual – palabras habladas o escritas que se usan en la comunicación diaria

lenguaje figurado – palabras que crean imágenes interesantes usando un lenguaje que tiene un significado más profundo que el significado literal de las palabras (p. ej. símil, metáfora, hipérbole, personificación, frases idiomáticas)

lenguaje formal – palabras escritas o dichas utilizando las convenciones adecuadas del lenguaje

lenguaje literario – palabras que se usan para comunicar un mensaje o lograr un efecto deseado en un pasaje literario

lenguaje sensorial – palabras que se usan en los escritos literarios que apelan a los sentidos del olfato, el gusto, el tacto, el oído y la vista

letra en itálica – letra impresa inclinada que se usa para llamar la atención hacia ciertas palabras

letra en negritas – letra impresa oscura que se usa para captar la atención hacia ciertas palabras

leyenda – una historia que pasa de generación en generación que explica un evento; una historia que muchos creen que es verdadera

línea cronológica – secuencia de eventos relacionados organizados en orden cronológico a lo largo de una línea

lista con puntos de entrada – relación de ideas similares que se separan usando puntos y otros signos

literatura clásica – literatura ampliamente conocida debido a sus excepcionales y perdurables cualidades

literatura de no ficción – texto narrativo acerca de personas, lugares y eventos reales (p. ej., biografía, autobiografía, no ficción histórica, diario)

literatura tradicional – historias que originalmente fueron orales y que más tarde se convirtieron en textos escritos

lluvia de ideas – pensar rápida y creativamente para generar ideas o para resolver problemas

localizar – encontrar

lógico – con sentido común y basado en hechos

M

mapa – representación visual que muestra una ubicación geográfica

materiales – artículos necesarios para completar un producto o tarea

medios de comunicación – formas de comunicar la información (p. ej., periódico, televisión, radio, espectaculares, Internet)

medios digitales de comunicación – comunicación electrónica (p. ej., blogs, correo electrónico, grupos de discusión, mensajes instantáneos, páginas de Internet, la Internet)

mensaje – tema, lección o moraleja básica en un pasaje literario

mensaje de los medios de comunicación – el significado deseado presentado o comunicado por los medios de comunicación

mensaje del autor – idea principal, tema o lección que el autor desea compartir con el lector

meta – algo que se desea o por lo que se trabaja

metáfora – comparación de dos cosas que no usa las palabra como

métrica – la estructura rítmica en la poesía compuesta de sílabas acentuadas y no acentuadas

mito – una historia que pasa de generación en generación y que intenta explicar los eventos de la naturaleza, creencias o por qué las personas se comportan de la manera en que lo hacen

modelo – copia pequeña o semejante

motivación – razón que una persona tiene para actuar de cierta manera

N

narración – historia o descripción de eventos que pueden o no ser verdaderos

narrador – persona que cuenta una historia o presenta un relato

no ficción – género literario basado en hechos reales

número – símbolo que muestra una cantidad u orden de los pasos

O

observación – el acto de ver o mirar

observar – ver, mirar

onomatopeya – el nombre de un sonido

opinión – creencia basada en pensamientos o sentimientos en vez de hechos

opuesto – contrario

oración – un grupo de palabras que expresa un pensamiento completo

oración tesis – la oración que expresa la idea principal de un párrafo o pasaje

oración/párrafo de conclusión – la oración o parte final con la que termina un pasaje escrito o hablado

orden alfabético – palabras ordenadas según el orden de las letras del alfabeto

orden cronológico – orden de ideas o eventos de acuerdo con el tiempo en que ocurrieron

orden de eventos – organización razonable de eventos

orden de ideas – organización razonable de ideas

orden lógico – secuencia u organización de un texto con sentido común y basada en hechos; estructura de organización de un texto en forma razonable

ordenar – asignar una posición usando un criterio (p. ej., más importante, favorito)

organizar – juntar o acomodar de una manera ordenada

original – nuevo, creativo, no es copia

P

página de Internet – documento de Internet al que se puede tener acceso a través de un navegador de la red y se muestra en un monitor o aparato móvil

palabra – unidad de sonido con significado

palabra clave – una palabra en letras negritas o itálicas que llama la atención del lector hacia información importante

palabra con significado múltiple – palabra que tiene más de un significado

palabras guía – palabras impresas en la parte de arriba de una página de diccionario u otro libro de referencia que indican la primera y la última palabra de esa página

palabra o frase de transición – palabra o grupo de palabras que tienen la intención de relacionar ideas en un texto escrito o hablado

palabra raíz – palabra con la cual se forman otras palabras añadiéndole un sufijo o prefijo

papel de los personajes – la función de los personajes en una historia con base en lo que hacen para desarrollar los eventos del argumento

párrafo – grupo de oraciones escritas que apoyan una idea principal

partes de la oración – la función o el uso de una palabra en una oración (p. ej., sustantivo, verbo, adjetivo, adverbio, preposición, conjunción)

pasaje – texto escrito

paso – acción necesaria para logar un resultado u objetivo

patrón estructural de la ficción – la manera en que está escrita una historia (p. ej., oraciones, párrafos, diálogo)

patrón estructural de la poesía – la manera en que está escrito un poema (p. ej., versos, estrofas)

patrón estructural de literatura de no ficción – la manera en que está escrita una biografía, autobiografía o un escrito histórico de no ficción (p. ej., orden cronológico, oraciones, párrafos, diálogos)

patrón estructural del drama – la manera en que está escrita una obra de teatro (p. ej., diálogo, escenas, actos, dirección escénica)

pausa métrica – pausa que divide un poema en versos, permitiendo que el poema se lea con fluidez

personaje – persona, cosa o animal de una historia literaria

personaje principal – la persona, animal o cosa más importante en un pasaje literario

personificación – descripción de un objeto que usa características de una persona

 motivation**reading**™NIVEL 2

persuadir – hacer que alguien haga o piense algo; convencer

pie de foto – título u oración que explica una ilustración, fotografía o gráfica

plan – método preparado con anticipación; diseño

poema lírico – poema que expresa sentimientos acerca de una idea o tema específico; usa esquemas de ritmo y de rima

poema/poesía – composición escrita en verso que con frecuencia usa rima y/o ritmo

poesía de verso libre – poesía escrita sin un patrón de ritmo o rima

poesía estructurada – poesía que sigue un patrón específico de versos o palabras para cada verso o de sílabas para cada verso

poesía humorística – poemas que tienen temas divertidos y usan un lenguaje cómico

poesía narrativa – poesía que cuenta una historia usando personajes y eventos de un argumento

poeta – autor de un poema

predecir – determinar lo que ocurrirá con base en la información actual

predicción – acto de contar un evento o idea por adelantado

prefijo – grupo de letras que se agregan al inicio de una palabra y cambian su significado

pregunta – solicitud de información escrita o hablada

presagio – técnica usada por un autor para indicar o sugerir un evento que ocurrirá en el futuro

presentación – el acto de compartir información de manera oral

presentación electrónica – producción o demostración que usa medios de comunicación

presentar – compartir información oralmente

principio – primera parte de un párrafo, lectura o libro

probable – algo que parece tener una alta probabilidad de ocurrir; algo que parece ser verdadero

problema – situación que debe resolverse

procedimiento – método que usa una serie de pasos para lograr una tarea

proceso – una serie de pasos o acciones que resultan en un desenlace

proceso de escritura – los pasos que un escritor sigue para producir una composición

- **planear** – el paso en el proceso de la escritura en el cual el escritor reúne ideas y desarrolla un sistema de organización; preescritura

- **redactar** – el paso en el proceso de la escritura en el cual el escritor escribe ideas en oraciones y párrafos

- **revisar** – el paso en el proceso de la escritura en el cual el escritor evalúa el primer borrador y lo vuelve a escribir agregando, borrando y reorganizando el texto

- **corregir** – el paso en el proceso de la escritura en el cual el escritor revisa el uso correcto de la gramática, la puntuación, la ortografía y el uso de las mayúsculas

- **publicar** – el paso en el proceso de la escritura en el cual el escritor prepara el material escrito para ser prenotado al público

producto – algo hecho o creado

pronunciación – manera en que se dice una palabra

propósito – objetivo deseado de un escrito; la razón por la que la persona escribe un texto

propósito del autor – razón por la que el autor escribe un texto (p. ej., describir, explicar, persuadir, informar, entretener)

prosa – texto que no es poesía

proveer – dar algo que se necesita

publicación – texto que se produce en una imprenta (p. ej., periódico, folleto, revista)

público – persona o grupo a quienes se dirige un escrito o para quienes se representa una obra

punto de vista – posición o perspectiva que usa el autor para contar una historia

punto de vista de los medios – punto de vista basado en la manera en que la información se emite, se enfatiza o se omite

punto de vista del autor – actitud, perspectiva, postura u opinión del autor sobre un tema

puntos de entrada – característica del texto en forma de punto que identifica un detalle clave

R

raíz – parte básica de una palabra que permanece cuando se quitan los afijos

rap – arreglo musical que se recita con un ritmo rápido

rasgo – cualidad que hace a una persona diferente de otra

razón – la causa para actuar, pensar o sentir de cierta manera

real – que existe como hecho

receta – conjunto de instrucciones para preparar un tipo de comida

recomendar – sugerir; aconsejar

recordar – traer a la mente; evocar

recurso – fuente que provee ayuda o información (p. ej., digital, impreso, una persona)

recurso literario – elemento o estructura que usa un autor para producir el efecto deseado (p. ej., visualización, presagio, ritmo)

reescribir – escribir un texto usando palabras diferentes

reflexión – pensamiento cuidadoso; idea tomada en consideración

relación – conexión o asociación entre dos o más ideas u objetos

relato – declaración de hechos o datos

relato fantástico – historia poco común, imaginativa o poco realista; con frecuencia incluye la exageración

relato histórico – informe sobre hechos y datos del pasado

relevante – relacionado con el asunto que se toma en consideración

reparto – los personajes que actúan en una obra de teatro

repetición – el acto de decir o hacer algo otra vez

reporte – presentación de información, acto de presentar información

representación visual – un producto que se puede observar

respuesta – contestación a una pregunta o indicación

respuesta en blog – información de un blog que responde a un comentario o pregunta

resumen – declaración breve de la idea principal y los detalles clave de un texto

resumir – escribir o decir la idea principal y los detalles clave de un texto

rima interna – rima dentro del mismo verso

rimar – tener el mismo o parecido sonido final

ritmo – patrones de sonido repetidos en poemas o canciones

rótulo/rotular – palabra o frase que identifica o describe algo; anotar una palabra o frase que identifica o describe algo

S

sección – parte de un texto escrito

secuencia – orden en que ocurren los eventos o acciones

selección – texto escrito o hablado

semejanza – la manera en que dos o más cosas se parecen

sentidos – las funciones de ver, escuchar, saborear, tocar y oler

sentimiento – demostración de emoción

separación silábica – proceso de dividir palabras en partes

significado – definición de una palabra o frase

significado literal – significado básico y sin imaginación

significado no literal – significado creativo o imaginario de una palabra

sílaba – parte de una palabra que contiene una sola vocal con o sin consonantes

símil – figura del lenguaje en la cual se comparan dos cosas usando como

similar – parecido pero no exactamente igual

simulación – una representación

simular – hacer creer, imaginar

sinónimo – una palabra que tiene un significado igual o parecido al de otra palabra

síntesis – la combinación de partes de conocimientos para formar un todo y desarrollar relaciones en situaciones o productos nuevos

sintetizar – combinar partes del conocimiento para formar un todo nuevo y desarrollar relaciones en situaciones o productos nuevos

sitio en la Internet – conjunto de páginas relacionadas en Internet

sonido – algo que se puede oír

sufijo – letra o grupo de letras que se agregan al final de una palabra y cambian su significado

T

tabla – organización de información de datos en columnas

tabla de contenido – lista de las partes de un libro o texto escrito

tabla T – organizador gráfico que contiene dos columnas y se usa para comparar temas

técnica – procedimiento o destreza que se usa en una tarea específica

técnica de publicidad – método que se usa para dirigirse al público o para captar su atención

técnicas de comunicación – métodos que se usan para comunicar información (p. ej., efectos sonoros, color, gráficas, imágenes, música, fotografías)

tema – idea central o universal de un pasaje literario que expresa una verdad acerca del comportamiento humano

tesauro – referencia impresa o digital que contiene sinónimos

texto – palabras de un pasaje escrito

texto de procedimiento – tipo de texto informativo escrito para explicar los pasos o instrucciones para realizar una tarea o actividad

texto expositivo – tipo de texto informativo que explica, da instrucciones, informa o describe

texto informativo – pasaje escrito para proveer información (p. ej., expositivo, de procedimiento, persuasivo)

texto literario – pasaje escrito que tiene valor artístico

texto original – texto literario del cual se escribe una adaptación

tipos de medios de comunicación – tipos de medios de comunicación que se usan para transmitir información (p. ej., discursos, anuncios publicitarios, documentales, la Internet, periódicos, televisión, radio)

tipos de poesía – tipos o patrones de poesía con base en el tema, esquema de rima o estilo

titulares – palabra o grupo de palabras que se ubican al principio de una página, sección o capítulo

título – nombre que se le da a un pasaje escrito

tópico – pensamiento o tema principal de una obra escrita

trabalenguas – conjunto de palabras que son difícil de pronunciar debido a sus sonidos parecidos

U

usar – poner en acción para un propósito

utilería – objetos que usan los personaje en una obra de teatro

V

ventaja – condición o posición favorable

verso – palabras en cada renglón de un poema o canción

visual – que se puede ver

vocabulario – palabras asociadas con una materia o área específica de estudio o actividad

vocal – letra que no es consonante; a, e, i, o, u

volver a contar – contar otra vez utilizando palabras distintas

voz del poema – la voz de la persona que expresa la idea o los sentimientos de un poema

Notas

Notas

Notas

Notas

 motivation**reading**™NIVEL 2

Notas

Notas

 motivation**reading**™NIVEL 2

Notas

Notas

 motivation**reading**™NIVEL 2

Notas

Notas

motivation**reading**™ NIVEL 2

Notas

Notas

motivation**reading**™NIVEL 2

Notas

Notas

RR Donnelley/Owensville, MO USA/August 2014 – 18328

 motivation**reading**™NIVEL 2